Шимон Гарбер

Путешествия Адама от Ниццы до Чигаго

Том 2

Printed by Newcomers Authors, Publishing Group
2019

©™ ШимонГарбер

Путешествия Адама

От Ниццы до Чикаго
Том II
Second Edition

Copyright. 2016 Шимон Гарбер
Редактор В. Белинкер
Графика В. Белинкер
Printed by Newcomers Authors Publishing Group
Isbn-13: 978 - 1732823204

*Всегда с мыслями
о моей дочери.*

Шимон Гарбер

Оглавление

Французские каникулы..................7
Приём на Каменном...................95
Израильские истории..................105
Кейсария - Цезария...................147
Чикаго! Штат Иллинойс................169

Аннотация

Эта книга - продолжение путешествий и приключений главного героя повествования, Адама Гардова. Вместе с ним мы побываем в славном городе Средиземноморского побережья Ницце. В соседних городах, Каннах и Монте Карло. Затем нас ждёт Корсика со столицей Аяччо, и переезд в Бастию, и оттуда в Италию, Генуя.

Затем мы совершим небольшой экскурс в Санкт-Петербург 60-х годов прошлого века.

Нас ждёт Израиль со своими обычаями и традициями, и, наконец, мы отправимся в Чикаго, штат Иллинойс, США!

Приятного и весёлого путешествия!

С уважением,
Шимон Гарбер

Французские каникулы

Мечта посетить Францию существовала подспудно всегда. Адам, как и любой человек, обладающий какой-то культурой, хотел посмотреть воочию, что же это - Франция. Как там люди живут? Что едят и что делают? Его как человека, профессионально занимающегося кулинарией, не могли оставлять равнодушным возможности увидеть и попробовать многое из того, о чём приходилось читать или слышать. Какое ещё место на земле могло похвастаться невероятными изысками кулинарии, виноделия, сыроварения и прочего? А трюфеля и фуа-гра? Да ради одного этого можно поехать куда угодно.

Адам неплохо знал итальянскую кухню, но понимал, что это несравнимые вещи. Когда-то давно ему довелось попасть в Париж. Но это было всего один день, и он больше думал о достопримечательностях, нежели о деликатесах.

Сейчас было много свободного времени, определённые финансовые возможности и понимание, что именно он хочет узнать и увидеть.

После длительных блужданий по интернету Адам остановился на Корсике. Этот французский остров обещал шикарный рынок с морепродуктами, отменный пляж и прекрасный климат. Контакт с тур агентом поставил новые задачи, требующие принятия решений.

- Адам! Ты можешь попасть на Корсику, но только на пароме. Сначала нужно прилететь в Ниццу или на Сицилию, а оттуда паромом на Корсику. А где ты хочешь остановиться?

- Знаешь, Валя! Если выбирать, то, наверное, интереснее Ницца, и я смогу несколько дней побыть там. Что касается отеля, то один из моих товарищей ездит отдыхать, пользуясь какой-то интернациональной компанией, которая связывает людей по всему миру. Люди сдают жильё через эту компанию, и мой товарищ был очень доволен. Я не хочу жить в гостинице. Мне больше подходит возможность иметь свою кухню, где я могу приготовить себе всё, что только захочу.

- Я слышала об этом. Но мы бронируем только отели. Реши, когда и где ты хочешь побывать, и мы закажем тебе билеты. Чтобы вернуться в Тель-Авив, ты должен попасть обратно в Ниццу и оттуда вылетать.

- Ну это совсем неинтересно. Валя, посмотри ещё какие-нибудь варианты.

- Ты можешь вернуться через Геную. Туда тоже есть паром из Корсики.

- Что-то больно мудрёно получается. Как бы мне не запутаться со всеми этими переездами с место на место.

- Адам! Не переживай. Ты же не хочешь брать групповой тур. Мы тебе составим маршрут по дням и местам, где ты будешь.

- Спасибо! Групповой тур, даже бесплатно, мне не нужен. Я могу общаться и знаю, чего хочу. Давай я ещё подумаю и вернусь.

Дома Адам ещё и ещё раз продумывал маршрут и даты переезда с одного места на другое. Оказалось, что паром из Ниццы приходит в столицу Корсики Аяччо. Это юг страны. А па-ром в Геную, Италия, уходит из города Бастии. А это на севере острова. Между ними ходил поезд, и Адам скачал расписание поездов. Он также проверил расписание паромов. Постепенно вся мозаика складывалась в цельную картинку.

- Алло, Валя! Привет! Это Адам! Я готов прийти и заказать билеты. У меня есть даты перемещений. Осталось всё заказать и согласовать даты.

- Хорошо, Адам! Подходи завтра с утра, и мы всё сделаем.

Адам ещё раз всё перепроверил и составил маршрут путешествия.

На следующий день он вновь сидел в турагентстве перед Валей, которая постоянно его опекала.

- Ты точно всё решил?

- Да! Я готов. Пока я ещё не заказывал жильё и паромы. Я хочу определиться с датой вылета и возращения. Я думаю, дней в двадцать я уложусь. Посмотри, что с билетами!

- Есть «Эйр Франс». Цена неплохая. Летишь в Ниццу, а возвращаешься из Генуи, правда через Париж.

- Валя! Это же обратно на север, а затем оттуда, полёт на юг. Лишние пять часов в воздухе, не говоря о пересадке в Париже.

- Адам. Я тебя понимаю. Но прямых рейсов нет. Всё равно где-то надо пересаживаться. А здесь всё просто, да и цена вопроса очень даже...

- Ну хорошо! Бронируй билет, а я пошёл бронировать жильё и паромы.

Адам потратил большую часть дня, бронируя и оплачивая квартиры в Ницце и на Корсике, Аяччо. В Бастии и Генуе Адам забронировал гостиницы. Он оплатил и распечатал билеты на своём принтере на оба парома. Первый из Ниццы в Аяччо, второй из Бастии до Генуи.

«Что-то похожее на дурную затею. Я запутаюсь во всех этих переездах. Надо распечатать день за днём, с названиями, местами, именами и телефонами. Ничего страшного. Всё образуется!»

Адам выкупил билеты на самолёт и готовился к отъезду.

«Эйр Франс»

Адам прибыл в аэропорт за три часа до отлёта. Вылет был на 6:00 утра, а это означало, что надо сесть на ночной поезд в 1:00 ночи. Через два часа он в потоке пассажиров влез в большой лифт аэропорта Бен Гурион. Народу было много. Но всё шло по отработанной схеме. Ему указали, в какой очереди двигаться. К каждому из пассажиров подходил сотрудник секьюрити и, отводя в сторону, проводил предварительное собеседование.

- Привет! Ты куда летишь?

- В Ниццу. – Адам старался быть открытым и дружелюбным,

понимая, что от этого зависит его быстрое прохождение первичного осмотра.

- Кто паковал чемодан?
- Сам, конечно!
- Кто-нибудь помогал или просил что-то передать?
- Нет! Никто не просил и не помогал!

Молодая сотрудница вертела в руках билет на самолёт и паспорт Адама, и он чувствовал, что ей что-то не нравится.

- У тебя есть другой паспорт?

У Адама был паспорт гражданина США, но он старался его не демонстрировать. Он взял его так, на всякий случай. Мало ли. Израильский паспорт иногда вызывал не совсем желательную реакцию. Он мог сказать в ответ на вопрос «нет», и вся проверка на этом могла закончиться. Но кто может сказать, как поступить в этом случае? А вдруг вызовешь ненужные подозрения? Лучше сказать, правду!

- Да! У меня есть паспорт гражданина США.
- Покажи.

Она долго вертела в руках оба паспорта, пытаясь найти какое-то несоответствие. Затем она решила посоветоваться с более опытными сотрудниками. Адам видел, как она пыталась что-то объяснить и поделиться своими сомнениями.

«Наверняка она только начала свою служебную карьеру и боится допустить промах! Как бы она не помешала мне сесть на мой рейс. Тогда всё расписание летит насмарку».

Сотрудница вновь вернулась к Адаму. Было заметно, что её сомнения не исчезли и она хочет найти веский довод, чтоб его задержать.

- А почему ты говоришь на английском и не знаешь иврит?
- Я честно пытался его учить, но не лезет он в мою голову.
- Как давно ты в Израиле?
- Да уже два года.
- Зачем ты едешь в Ниццу?
- Отдыхать.
- Хорошо. Подожди здесь. – Она вновь подошла к старшему

и в чём-то его горячо убеждала, изредка посматривая в сторону Адама.

«Вот дура! Надо же было нарваться на новенькую. Она со страху может чёрт знает что натворить. Надо держать себя в руках. Если сорвусь, всё - плакал мой отпуск и я вместе с ним. Всё уже проплачено».

К счастью, всё кончилось хорошо. Адаму налепили на чемодан наклейку, означавшую, что он прошёл проверку секьюрити и может сдавать багаж. Чемоданы у всех пассажиров были перевязаны ленточками, там, где раньше висели небольшие замочки. Это были новые правила, и багаж проверялся где-то внутри аэропорта. Пройдя регистрацию и получив талон на посадку, Адам встал в очередь паспортного контроля. Дело пошло веселее, и, получив штамп в паспорт, он был отправлен в следующее чистилище, личный досмотр. Народу было много. Два непрерывных конвейера двигались через большие сканеры.

Опытные путешественники быстро складывали в пластмассовые тазики всё, что могло звенеть. Верхняя одежда, сумки, ремни с брюк, всё из карманов, часы, телефоны, цепочки, компьютеры. Дальше человек отправлялся через металлодетектор. Едва Адам шагнул в сканер, как аппарат зазвенел и засверкал разными огоньками.

- Что у тебя? Ну-ка повернись! – сотрудник провёл искателем по всему телу. - Что в кармане? – Адам, сунув руку в карман, нащупал монету.

- О, чёрт! Забыл вытащить.

- Иди обратно.

Удовлетворённый металлодетектор молчал. Адам подхватил свой пластиковый тазик с вещами и отошёл в сторону собраться и опять нацепить на себя всё, что могло звенеть и вызывать подозрение. Никто не роптал и не возмущался. Все понимали, что меры безопасности принимаются для их же собственного блага. Мир стал нестабильным и опасным.

Пройдя всевозможные проверки, Адам был допущен в большой зал, от которого отходили рукава-коридоры, ведущие к различным гейтам - воротам, через которые осуществляются посадки на самолёты. Зал был поистине громадным, со множеством магазинов «Дюти фри», кофейных заведений, к которым стояли многочисленные очереди. Времени было достаточно, и Адам, удостоверившись, к какому гейту ему нужно будет пройти, отправился в магазин электроники.

Страсть к изложению своих мыслей на бумагу требовала жертв в виде различных гаджетов, способных помочь облекать одухотворённые мысли прозаические печатные знаки. Проще всего для Адама было печатание на iPad, но такой способ имел массу недостатков. Во-первых, большую часть экрана закрывала клавиатура. Во-вторых, а это уже случалось не раз, написанные страницы неизвестно по какой причине исчезали безвозвратно. Это вызывало тяжело переживаемое отчаяние, поскольку требовалось не просто восстановить утраченное, а практически проделывать работу заново. Дошло до того, что Адам останавливался каждый час и нажимал знак сохранения написанного текста. Ему хотелось приобрести что-то более практичное, но в то же время простое в применении для работы. То, что писательство — тяжёлая работа, Адам понял очень скоро. Он сидел за столом час за часом в течение дня, установив для себя норму - не менее трёх печатных страниц в день.

В отделе электроники был стенд продукции фирмы «Эппл». Внимание Адама привлёк МакБук, современный, похожий на iPad с клавиатурой. На деле оказалось, что всё не так забавно и просто, как кажется. Требуются определённые навыки и знания, как управляться с этим изящным, но сложным гаджетом.

Это был реальный компьютер, с другим уровнем в решении компьютерных задач.

- Я вижу, вам нравится МакБук. У нас есть различные варианты размеров экранов и объёмов памяти. Вам для чего нужен компьютер? Какого рода работу вы намерены выполнять?

- А вы, простите, здесь работаете?

- Да. Могу я вам помочь сделать выбор?

- Я надеюсь. Вообще-то я много пишу. Мне нужен надёжный, но в то же время простой и удобный в работе компьютер. У меня есть iPad, но есть и проблемы с ним.

- Это МакБук Эйр! Новейший продукт компании «Эппл». Тот, который вы держите, супертонкий современный компьютер, отвечающий всем последним требованиям в этой области. Он продолжал ещё много чего рассказывать об этом чуде электроники, и Адам давно для себя решил непременно купить что-то, могущее облегчить его жизнь за письменным столом. Он хотел именно такой: компактный, лёгкий и мощный.

- Сколько он стоит?
- $1009.
- Хорошо. Выписывайте.

Гордый обладатель современного компьютера, прихватив чашку капучино в кафетерии, устроился за одним из многочисленных столов, стоявших вокруг фонтана, в большом центральном зале.

«Что-то я крутовато замахнулся. Ещё и от дома не отъехал, а уже тысчонки баксов как не было. Так и до банкротства недалёко. Да ладно прибедняться! Ведь для себя любимого. Он наверняка облегчит мне жизнь. Как мог Лев Толстой пером написать «Войну и Мир» в тысячу страниц? Да говорят, ещё переписывал не один раз. Это же титанический труд. А вот если б у него был МакБук, сколько ещё он мог бы написать? Хорош нести ахинею. Ты не Лев и не Толстой и даже вместе с МакБуком вряд ли сможешь написать 200 страниц приличного текста. Стоп! Себя надо любить и в себя верить. Иначе просто вкусно есть и много пить, а затем умереть от ленивой старости. Купил и молодец! Надо себя ещё чем-нибудь побаловать. Давно хотел купить новые джинсы.»

На волне полного позитива Адам зашёл в магазин, торгующий джинсами. Он осмотрел несколько моделей и остановился на фирме «Ливайс».

У подошедшего молодого и симпатичного продавца Адам осведомился, есть ли его размер. Размер нашёлся, и Адам отправился в примерочную. Джинсы сидели как влитые. Адам покрутился перед зеркалом.

- Простите, а вы не хотите посмотреть джинсы от «Армани»?
- Почему бы и нет? Несите.

Джинсы сидели великолепно.

- А сколько они стоят?

- $279.

- Прекрасные джинсы, но я уже решил взять «Ливайс».

Адамово затейливое путешествие по Франции началось с того, что волею судьбы, а вернее по предложению тур агента, он выбрал «Эйр Франс». Для затравки в аэропорту Бен Гурион выяснилось, что рейс переносится на три часа. Адам старался быть очень умным и предусмотрительным и хотел прилететь в незнакомый ему город и встретиться с незнакомыми ему людьми при белом свете. Его твёрдое решение не связываться ни с какими группами, а путешествовать самостоятельно было поддержано его приятелем, который путешествует аналогичным образом, снимая апартаменты, решая, как, когда и что смотреть, делать, кушать и всё остальное тоже. Идеально для Адама. Ему интересно, что люди едят в новой для него стране, что продаётся в магазинах, что можно купить и приготовить самому. Когда вставать и когда лежать. А главное, последние годы он хотел писать. Просто и без затей. Есть компьютер, даже два. Он купил iPad, уезжая из России, а в Израиле приобрёл обычный домашний компьютер и пытался разобраться, как это всё работает.

- А что тут сложного? Есть интернет, есть Wi-Fi, и это всё. Просто.

Оказалось, всё намного сложнее и непонятнее. Маленькие дети тыкали пальчиками в кнопки и смотрели всё, что хотели, и играли во всевозможные игры. Он, более чем взрослый человек, проживший непростую, полную всяких событий жизнь, тупо смотрел на экран компьютера и не понимал, как в этой каше разобраться.

«Этому надо учиться, как и всему остальному на белом свете. Думал так, с кондачка, постукал по клавишам, и всё пошло-поехало. А там море разливанное. Вариантов несметное количество. Ткнул не туда - и пиши пропало! Где искать, куда бежать? Только больше путаешься.

Ну задержали рейс на три часа. Бывает. В самолёте я пошлю людям сообщение, и они поймут и подождут».

О святая простота. «Эйр Франс», это самолёт «Эйр бас 320», если не старше его, то всё равно древний. Нету ни вая ни фая, нет телевидения, нет экранов, нет никакой связи с внешним миром. iPad молчал как рыба.

В «Дюти фри» прикупленный Адамом на радостях небольшой, но крутой МакБук, ещё не обученный и не загруженный, тоже молчал.

«Я не устаю себе поражаться. Моей тупости нет предела, и почему я не забил в iPhone возможность звонить за рубежом? Да потому, что в телефонной компании сказали: «Вы там купите местную симку, будет гораздо дешевле». Есть Skype, есть what's up. Но нет вая с треклятым фаем, и всё. Крышка, амба, нет интернета, следовательно, и связи».

«Эйр Франс» летел. Долго, нудно и уныло. Команда из четырёх позднебальзаковского возраста стюардов помпезно раздала холодные пакеты с едой, и, вероятно потом спохватившись, они покатили коляску с напитками, тоже холодными. Открыв крышку со всемирно известной французской кулинарией, Адам обнаружил четыре кусочка жареной в глубокой панировке курицы, возлежавшей на нарезанной варёной картошке. Это американское произведение, известное под именем фрайд чикен, очень вкусное, но горячее. Жаренное во фритюре и съеденное сразу. На другой день или даже просто разогретое оно невкусно. Адам как профессионал, жаривший курей больше года, знал это наверняка.

Есть поговорка: когда Господь хочет человека наказать, он сначала лишает его разума. Адам потребовал у стюардов за все его страдания, если они хотят, чтоб он это ел, две бутылки красного вина.

- Пас де проблеме! Вуаля!

Две бутылочки по 167 граммов красного вина были выпиты и курица изжёвана. Возмездие пришло ночью в виде изжоги и расстройства желудка.

А самолёт всё парил в воздухе. Наконец, крыло самолёта с четырьмя подвешенными моторами разломилось и открыло прилично поржавевшую середину.

– Это что, маму вашу, как это называется?

– Не волнуйтесь! Это открылись элероны, и мы снижаемся.

«Ребята, только не пикируйте, - взмолился Адам про себя. - Мне надо написать ещё много книг. Дайте хоть закончить трилогию».

И Бог услышал его молитвы. Они сели, и он тоже аплодировал. В здании аэропорта Ниццы, а вообще-то она называется и по-французски, и по-английски Нис, не то медсестра, не то племянница.

«Ну, чёрт с ней, главное появились мои друзья, вай, а с ним и фай».

Ницца

Адам получил багаж и вышел в большой зал. Он сел на скамейку, поставил перед собой чемодан, рядом на стульчик пакет с новыми джинсами из «Дюти фри». Новенький МакБук был надёжно спрятан в рюкзак.

Он погрузился в радостное писание на iPad, мол, вот он я, прилетел. Щёлкнул «Отправить», но догадаться было несложно, оно не ушло. Чертыхаясь, он огляделся. Оказывается, ушли его новые джинсы.

«Не дали, гады, даже поносить».

Сначала он загоревал, а потом возрадовался.

«Продавец предлагал купить джинсы «Армани». Я уже собрался, но цена в $279 охладила мой воспалённый разум. Хорошо, что купил джинсы «Ливайс» 501 за $79. Представляю моё горе, если б купил «Армани»».

Такси довезло Адама до места, где он понял, что не знает номер квартиры. А их 12. Есть компьютер, есть iPhone, но нет двух лучших дружков, вая с фаем. Мир не без добрых людей. Вышел небольшой француз, ни бельмеса по-английски, а Адам так же по-французски, но он показал французу номер телефона и пас де проблеме.

Вскоре внизу появилась худощавая высокая француженка-ка.

- Месье Адам? Я Мадлен Азур. Мы с вами общались по переписке. Ваш апартамент ждёт вас. - Она открыла парадную, и Адам увидел крутую лестницу, уходящую ввысь.

- Мадлен! На каком этаже квартира?

- На втором. Но вы, Адам, не волнуйтесь. У нас есть лифт.

Они прошли мимо лестницы, и где-то в глубине коридора Мадлен открыла узкую дверь. Адам двинулся со своим большим чемоданом вслед за ней.

- Нет, Адам! Я пойду по лестнице пешком, а вы поднимайтесь на второй этаж.

Они с трудом разминулись в узком коридоре. Адам толкнул чемодан внутрь лифта. Оставалось очень мало места.

«Может, мне залезть на чемодан? А если я его раздавлю?» Он постарался притиснуться к своему чемодану как можно теснее. Это было непросто, но дверь закрылась, и лифт поехал. Наверху его ждала Мадлен. Адам попятился задом из лифта, прихватив с собою чемодан.

- У нас очень маленький лифт, - извиняюще заметила Мадлен.

- Здесь, наверное, живёт немного народа. Сколько здесь этажей?

- Три этажа по четыре квартиры. Проблема, когда кто-то выезжает. Идите за мной, я покажу вам вашу квартиру.

В небольшой студии, но достаточно уютной, их встретил высокий мужчина, которого Мадлен представила, как Ги Азур. Все были очень любезны. Адаму показали ванную, кухню и диван. Всё в одном флаконе.

- Мы находимся в центре города. Выйдите на улицу, поворачивайте направо, и все улицы ведут к морю. Что-нибудь ещё вас интересует?

- Да! Где ближайший, но хороший большой магазин?

- Мадлен! Может, ему нужно казино? – вступил в беседу Ги.

- Нет, спасибо! Я пока не собираюсь играть.

- Адам, вы не поняли. «Казино» - это сеть больших продуктовых магазинов. Выйдете на улицу, налево и на следующем перекрёстке увидите «Казино».

Все немного посмеялись над невинной шуткой. Адаму выдали ключи от квартиры и парадной и телефон на случай немедленной связи.

- Да, вот ещё небольшая проблема. Где мне купить местную сим-карту для телефона? И какую лучше всего?

- Ги! Как ты думаешь, какую компанию надо Адаму выбрать?

- Я думаю, что самое простое - компания «Оранж». А вот где они?

- Есть одна в центре города. Надо, выйдя на улицу, повернуть налево и идти прямо, пока не попадёте в центр города, а там можно спросить.

Они тепло распрощались, и, уходя, Ги добавил:

- Сегодня воскресенье, всё закрыто.

Адам ещё раз обошёл всю квартиру. Ванная располагалась отдельно, а всё остальное было в шаговой доступности. Он открыл широкую балконную дверь. На него смотрел моложавый курящий мужчина, сидевший на балконе соседнего дома.

Они покивали друг другу головами. На маленьком балкончике, едва ли полметра шириной, были натянуты верёвки для сушки белья. Адам обошёл диван и попал на кухню. Всё необходимое для приготовления небольшого ассортимента блюд было на месте. Есть плита, холодильник и микроволновая печь. Что ещё нужно человеку для счастья? Продукты! Значит, надо идти и их добыть. Вдохновлённый этой задачей, Адам закрыл сначала балкон, затем квартиру и вышел на улицу.

«Как там Мадлен говорила? Выйти на улицу, повернуть налево, и на следующем перекрёстке будет магазин. Всё просто.»

Магазин с большой надписью «Казино» он нашёл быстро. Тот был закрыт.

«Этот Ги сказал, что всё закрыто по случаю воскресенья. Но кто-то же должен работать? Надо просто поискать.»

Адам двинулся по найденной улице в сторону моря. Улица была насыщена различными магазинами, конторами, банками и офисами. Но всё было закрыто.

«Что с этими французами? Это как в Израиле в субботу. Но

там религиозная традиция. Ещё могут оштрафовать за работу в субботний день. А у французов-то что? Свободная вроде страна. А мне что прикажете делать? Я же кушать хочу. И вина французского тоже было бы неплохо».

Он шёл всё дальше по улице, но результат от этого не менялся. Мало людей и закрытые магазины. Вдали уже было видно море. Он едва не ткнулся в огромную матрёшку в человеческий рост, стоявшую у очередного магазина. На вывеске столь знакомые слова, на обычном русском языке – «Москва». И оно было открыто!

«Нет, это надо же! Во Франции, в Ницце, почти у моря и наш простой российский гастроном. Наш ответ неработающим французам».

Осчастливленный Адам зашёл внутрь. За небольшим прилавком средних лет женщина общалась с мужчиной по-русски. Они говорили о своих делах, но для Адама это звучало как музыка. Он прошёл вглубь магазина, где были полки с товаром и пара холодильников. При ближайшем рассмотрении ничего особенного он не увидел. На полках крупы от покинутой родины и всякие консервы. Хозяйственные товары и прочая мелочь. Никаких французских деликатесов или чего-то необычного он не нашёл. Это было печально, но он утешился бутылкой красного вина и куском сыра. За прилавком лежал тёмный хлеб, завёрнутый в плёнку. Шоколадки и плавленые сырки дополняли нехитрый ассортимент.

- Простите! А у вас нет каких-нибудь деликатесов?
- Это каких, например? Есть селёдка, сайра в масле, шпроты. А вам чего ещё надо?
- Ну не знаю! Может, сыров французских или ветчины постной!
- Нету! Тушёнки не хотите?
- Спасибо. Но не сегодня. Сколько с меня?

Адам с продуктами в пакете направился в сторону нового, хотя и временного дома. Всю ностальгию при виде знакомого ассортимента смыло, как приливной волной. Далеко от дома, во Франции, найти русский магазин казалось чудом. А вот серость и грубость, оставшаяся с советских времён, пережила переезд.

Вернувшись в квартиру, Адам разложил приобретённую снедь. Еды для торжественного ужина в честь прибытия в знаменитый город мировой кулинарии было маловато. Есть вино, сыр и хлеб. Десерт в виде шоколадки. Французский ужин.

«Завтра будет лучше. С утра надо идти искать, где тут "Орандж". Погулять посмотреть эту Ниццу-Нис и купить вкусностей, как говаривала моя экс!»

Он подошёл к окну. С соседнего балкона исчез курящий мужчина, но вместо него, под балконом, какой-то бомж устраивался на ночлег. Было видно, что это его постоянное место. Он развернул голый матрас, до этого стоявший свёрнутым. Адам ещё при первом знакомстве с балконом видел этот матрас и подумал, что его приготовили выбросить в помойку. Бомж растянулся на матрасе, глянул на смотревшего Адама и отошёл ко сну.

«Значит, мой сосед бомж. Надо окно держать закрытым. Мало ли что. Вдруг он есть захочет. Перемахнёт через балкон, и вся недолга. Эти мне французы! Добренькие, либеральные. Вот в Америке когда-то за бродяжничество сажали в тюрьму. Но теперь тоже защитники униженных и оскорблённых выступают за права бездомных. А кто будет защищать наши права от бездомных?»

Понимая, что все эти вопросы ответов не имеют, Адам приступил к процедуре приготовления ужина. Вино было открыто, хлеб и сыр порезаны и телевизор включён. Много французских каналов, немецкий и английский тоже излагают по-французски.

«Ну и как понять, о чём говорят? Вино было так себе, сыр и хлеб под стать этому».

По телевизору показывали что-то очень нудное и неинтересное. Ладно, надо спать. Завтра будет другой день. Жестокая изжога от съеденных в полёте жареных кусочков курицы подняла его среди ночи. Он стал шарить по всем шкафчикам на кухне в надежде найти питьевую соду. Но безрезультатно. Понимая, что он не сможет уснуть, открыл чемодан, где находилась аптечка. Как человек предусмотрительный, Адам всегда возил на всякий случай разные препараты. Но сейчас ему нужна была таблетка, которая, растворённая в воде, снимала жжение, называемое американцами «хартбёрн», то есть горящее сердце. Но горело не сердце. Горел желудок, и никакая вода не помогала. Адам тихо, про себя помолился и открыл аптечку. После долгого копания внутри он нашёл вожделенную большую таблетку, но одну. Вообще рекомендуется две.

«Ладно. Не надо привередничать. Одна лучше, чем ни одной».

Растворённая в стакане воды и выпитая, она притушила огонь, бушевавший внутри. Устав от всех переживаний этого дня, он заснул и проснулся только тогда, когда солнце проникло в его стеклянную балконную дверь.

С улицы, солнце освещало квартиру очень ярко. Бомж исчез, оставив после себя аккуратно свёрнутый матрас. Асфальтовый двор был заставлен машинами. Много деревьев и пышные зелёные кусты дополняли пейзаж. Адам включил телевизор и, найдя программу, показывающую спортивную гимнастику, принялся махать руками и приседать вместе с ведущими. Время от времени показывали рекламу нового спортивного снаряда под названием «вондер». Девушки и юноши выполняли различные упражнения с этим снарядом. Больше всего Адаму понравилось упражнение, когда, сидя на коврике, юноша упирался в снаряд спиной и откидывался назад. Этот вондер помогал ему вернуться в положение сидя. Таким образом укреплялся пресс. Адам понял, что ему без этого снаряда не прожить. Надо, вернувшись домой, обязательно приобрести.

В небольшой ванной комнате было светло и уютно. Поразил его сам туалетный прибор. Он не был установлен на полу, что, казалось довольно естественным, а был закреплён в стене. С точки зрения санитарии это было очень гигиенично. Под ним пол был чистый, и понятно, что легко убирался. Но сам способ закрепления на стене вызывал у Адама, некоторое опасение.

«Что-то сомневаюсь я, однако. А если человек за 100 килограммов, да ещё будет качаться из стороны в сторону, этот туалетный горшок разломается? Это даже представить страшно. Весь пол будет залит содержимым этого изделия».

После некоторых колебаний и сомнений, но не видя другого

выхода, Адам пристроился на этот необычно сидящий прибор. Ничего не произошло. Даже оказалось немного удобней, чем обычно.

«Вот здорово. Эти французы всегда что-нибудь придумают! Но правда удобней. Его можно подвесить, сообразуясь с ростом владельца. А как же он подсоединяется ко всем трубам? У нас всё в полу. А у них, значит, всё в стенах!»

Размышления на эту интересную тему не оставляли его даже во время омовения в душе, несмотря на небольшие возникшие проблемы. Покончив с гигиеной, он приготовил себе чай и шоколадку. Можно было идти и знакомиться с Ниццей.

«Первым делом надо найти этот телефонный спаситель «Оранж». Ги говорил, что это где-то в центре. Значит, надо выйти из дома и, повернув налево, тупо идти по этой улице, пока не появится центр.»

Улица была тихая, с очень красивыми старинными зданиями, похожими на маленькие дворцы. Адам шагал в полном одиночестве и размышлял о том, сколько может стоить квартира в таком здании, не говоря о здании в целом. Центр города и близость к морю, вероятно, увеличивала ценность такого вложения во много раз.

«А мне-то что? Я не собираюсь здесь жить! А если б и собрался, то это было бы явно не по карману. Почему всегда в голову лезет всякая чушь? Надо найти «Оранж»!» Он произнёс это на французский манер, с характерным раскатом на букве «р». Получалось «Орхандж».

«Этот язык мне точно не одолеть. Надо поспрошать, где это находится». Парочка случайных встречных в ответ на простой вопрос отрицательно мотали головами. Адам ещё в прошлый транзитный визит в Париж понял, что французы относятся к людям, не владеющим мало-мальски французским, с явным пренебрежением. Адаму даже казалось, что они, даже зная английский, принципиально отказываются говорить или говорят только по-французски. Теперь он решил тупо показывать телефон и произносить одно слово: «Орхандж». Дело пошло веселее, и в обеих случаях опрошенные махали рукой вдаль, добавляя несколько слов. Смысл для Адама оставался непонятным, но, казалось, не совсем дружелюбным. Улица перешла в деловую часть города, и Адам понял, что он на верном пути.

Появились офисы, а затем магазинчики и небольшие ресторанчики со столами на улице. Кое-где сидели люди, пили кофе и что-то ели. Всё было чисто и красиво. Народу становилось всё больше, и было ясно, что он пришёл в центр города. Пересекающая улица образовала небольшую площадь, сплошь заставленную столами со стульями. Люди сидели за столиками, и снующие официанты разносили напитки и тарелки с едой.

За одним из столов сидел тучный холёный господин с дамой, ни в чём ему не уступавшей. Официант поставил перед ними два огромных, красиво оформленных блюда с омарами и прочими морепродуктами. Зрелище было завораживающим, и Адам стоял, разинув рот. Впрочем, не он один.

«Чего это я? Надо сегодня вечером попробовать. Но сначала «Орхандж»». На очередной показ телефона и пароля молодой человек просто указал пальцем. На оконной витрине одного из офисов был нарисован большой апельсин и много мобильных телефонов. Внутри оказалась небольшая группа ожидающего народа и два клерка за столами, отсуживающими счастливчиков, дождавшихся своей очереди.

У входа находился небольшой аппарат, выдающий номерки. Адам запасся номерком и принялся ждать. Это было очень и очень долго. Очередь почти не двигалась. Каждый, кто наконец попадал за стол к клерку, казалось, имел немыслимые проблемы и невероятные требования. Они расспрашивали о различных деталях и возможностях предлагаемого сервиса для столь важного в современной жизни средства коммуникации. Это был выбор на всю жизнь. Это могло быть важнее квартиры. Телефон сегодня – это всё. С ним ложатся спать и с ним встают. С ним общаются и встречаются с другими обладателями. Телефон — это статус в обществе и самый близкий и обожаемый друг. Понятно, что возможности сервиса и самого аппарата важны и требуют тщательного подхода.

Адам пару раз впадал в отчаяние и хотел покинуть с такими трудами найденный офис. Но заставлял себя сидеть и терпеливо ждать своей очереди. Наконец он был следующий. Одна из клиенток уже явно прощалась. Она несколько раз вставала, убирала свой телефон и подписанные копии бумаг, но затем, явно вспоминая что-то важное, садилась обратно и снова со страстью пытала бедного клерка, сохранявшего спокойствие и терпение. Адам представил себя на месте этого клерка.

«Нет! Это не моё. Я бы уже как минимум три раза треснул бы её по башке её же телефоном. Ну и дурак! Тебя бы не только уволили, но и отдали бы под суд. Нет! Каждый должен делать то, что он может и умеет».

Наступал счастливый момент. Наконец дама решила уйти. Едва она приподнялась со своего места, клерк, который её обслуживал, подскочил, вероятно, от счастья и тут же выскочил на улицу. Куда он бежал, неизвестно, но ожидающий народ, а с ними и Адам, откровенно приуныли. Но не всё было так плохо. Объявилась ещё одна молодая особа. Судя по всему, она пришла на замену бежавшему. Девица долго и неохотно примеривалась к столу сбежавшего. Адам её понимал. Ну кто хочет бросаться в омут с головой, зная, что кроме занудства, претензий и жалоб тебя никакое счастье там не ждёт. Наконец, она милостиво кивнула. Мол, идите, пейте мою кровь.

- Здравствуйте! Вы говорите по-английски? - Адам старался приглушить свой громкий бас и не получить от ворот поворот сразу.

- Да! Говорю.

- Хвала небесам! Я хочу купить французскую сим-карту на три недели. Звонки только по стране. Самую что ни на есть простую сим-карту.

- Мы можем предложить вам интернациональную карту, которую вы сможете пополнять в любой стране. Вы откуда?

- Я из Израиля.

- Вы сможете её пополнить в Израиле и пользоваться везде. Карта стоит €50. Вы получаете 1000 смс, две недели без пополнения можете звонить до 300 звонков внутри страны. Согласны?

- А попроще ничего нет? Понял! Согласен!

- Давайте паспорт.

Прошло ещё какое-то время. Адам подписал множество напечатанных листков, получил пакетик с новой сим-картой и новым французским номером. Забегая вперёд, надо сказать, что он пытался пополнить эту сим-карту в Израиле, но все попытки были напрасны.

- Простите. А вы не сможете помочь поставить мне в телефон новую карту? У меня iPhone, и я без очков ничего не вижу.

Девица оказалась порядочным человеком, и Адам ушёл из «Орандж» в крайней степени умиления таким высоким уровнем обслуживания.

Адам решил пройтись по знаменитой Английской набережной, направляясь в сторону дома, а вернее, магазина «Казино», который был уже открыт для покупателей. Поворачивая из улицы в улицу, он окончательно заблудился и решил спросить прохожих.

- Простите! Как пройти к морю?
- О! Американ! Кес ке ву авез бесон, месье?
- Море! Понимаешь, море!
- О, ля-ля! Ла мерх! – она показала направо. – Ла мерх! Вуаля!

Адам свернул направо и вскоре уже был на набережной. Судя по карте, набережная являлась как основной транспортной магистралью Ниццы, так и местом для гуляния и отдыха. Широкая бухта в форме лагуны с галечным пляжем привлекала массы людей со всего мира. Пляжи были как общедоступные, так и местом, где размещались многочисленные рестораны. Широкий прогулочный тротуар, отделяющий автостраду, тянулся через всю бухту насколько хватало глаз. Через дорогу выстроились шикарные отели, рестораны, казино. Множество светофоров перекрывали движение транспорта, и толпы людей спешили перейти на ту или другую сторону. Настроение всеобщего праздника и веселья витало в воздухе. Мамы катили бесчисленные коляски с младенцами, велосипедисты ехали во все стороны, народ с чемоданами так же катил их, таща за длинные ручки. Беспечный город-праздник.

Адам двигался по набережной, заглядывая в щели между тентами, натянутыми над столиками ресторанов, читал меню, выставленные на треногах перед спуском в ресторан, и удивлялся.

«Интересно, как же там устроена кухня? Нужен газ, электричество, канализация наконец! Как всё это создать на пляже? Хотя, вон, общественные туалеты для пляжей. К ним спускаться надо глубоко вниз. Значит, есть трубы, которые уходят далеко в море. А электричество и газ элементарно. Но всё равно! Это же не фаст фуд. Вон, накрыты столы скатертями, тарелками, бокалами. Это же всё мыть надо. Вот известный ресторан «Лидо»! Там наверняка поздно вечером не протолкнёшься».

Адам проходил мимо ресторана под названием «Грег». Около него стояла группа молодых мальчиков и одна девочка. Всем лет по 16-17. Девочка говорила по-русски.

- Люди! Опять в «Грег»? Может, уже что-нибудь другое?

Адам прошёл мимо, стараясь не подать виду, что он понимает по-русски. В Ницце он уже не раз слышал русскую речь. Здесь наверняка селились русские, бежавшие после революции. А сегодня здесь много тех, кого называют «новые русские»! Эта молодёжь наверняка из этих. Они живут и учатся за рубежом, а в Ницце, понятно, отдыхают. Адам долго гулял по набережной, разглядывая достопримечательности и народ, развлекающийся на всемирно известном пляже Ниццы. Можно было бы, конечно, встать завтра с утра да отправиться к морю. Покупаться, позагорать. Провести лениво день. Но у него всего четыре дня. Один уже, по сути, проходит, а ещё столько нужно успеть увидеть. Через четыре дня он будет купаться на пляже города Аяччо, столицы Корсики. А пока здесь, надо съездить в Монако. Может, даже поиграть в известном казино, а на следующий день хочется посмотреть Канны. Так что расслабляться особо некогда.

Адам дошёл до улицы, где располагался русский магазин «Москва». Он равнодушно прошёл мимо, зная, что его ждёт впереди большой супермаркет «Казино». Переступив порог магазина, Адам оказался за линией кассовых аппаратов.

Слева был проход в недра магазина. Прихватив тележку, он двинулся внутрь навстречу приключениям. В тот, первый день он провёл там не меньше двух часов, внимательно изучая новые, неизвестные продукты. Их было много. Сразу от дверей стоял хлебный стеллаж с багетами, большими хлебами из зерновой муки с различными добавками. Стоявшая рядом открытая холодильная витрина была наполнена копчёностями, беконом и сыровялеными упаковками, начиная от испанского хамона и заканчивая копчёной грудинкой утки. Это был непростой выбор, но в конце концов утка победила. Хамон он ел в Испании, а во Франции надо есть утку. Дальше располагался отдел сыров. Не просто отдел, а несколько холодильников, набитых различными сырами. На полу стояли два холодильных открытых острова с брусками всех форм и названий, различные сыры. На всех были наклеены красные кружочки, говорящие о распродаже. Наклеенные ценники рассказывали о стоимости. Они были неприличными. За кусок отменного сыра, граммов в 300, €2-3. Адам умножил на 5, чтоб сориентироваться в соотношении к ценам в своей стране, получалось неприлично дёшево. Кусок сыра «Груер» и небольшой «Рокфор» сами залезли в корзину коляски. Пару витрин со всяким сырым мясом вроде вырезки и антрекотов он прошёл равнодушно. А вот рыбные деликатесы остановили его всерьёз и надолго. То, что нужно брать морепродукты, сомнений не вызывало. Выбор был явно больше, чем его возможности съесть всё за оставшиеся дни. Даже если питаться только одними морепродуктами дважды в день, и то не уложишься. А есть ещё паштеты из утиной и гусиной печени. Есть всякие десерты и салаты. Да много ещё всего.

«Главное - не хапать всё подряд. Сюда можно приходить каждый день. Да и другие магазины есть. Этот «Казино» - рядовой супермаркет. Наверняка есть покруче.»

Уже готовый огромный краб, небольшая баночка утиного паштета и упаковка слабосолёной сёмги пополнили ассортимент. Оставалось выбрать вино и воду. С водой было просто: бутылка «Эвиан», а вот с вином была проблема.

Помимо приличного ассортимента, предназначенного для поедания за ужином, он был смешанным. Мясные блюда требовали красного вина, а рыбные белого. Приходится выбирать два. Ассортимент тоже не облегчал задачу. Французам проще. Их с малолетства приучают к вину. Знание языка тоже помогает. Проходя мимо длинных стеллажей винной секции, Адам искал знакомые названия или хотя бы фирмы. Божоле, то есть молодое вино, это ясно. Ну и бордо, уф!

Подходя к кассе, Адам прихватил Креп Сюзет, тонкие французские блинчики, уже приготовленные со специальным соусом, и коробочку с симпатичной картинкой, показывающей, как шоколад истекает из кексика. Всё это он выгружал на прилавок перед кассой, а за ним собралась небольшая очередь. Кассир, с уважением оглядев выложенное перед ним, принялся пропускать товар через сканер, предварительно задав Адаму непонятный вопрос. Тот на всякий случай отрицательно помотал головой. Вся продукция скапливалась на другом конце кассового прилавка. Адам посмотрел на итоговую цифру на кассовом аппарате, и ему стало гораздо легче. Он ожидал цифры как минимум вдвое больше. Кассир пропустил его кредитную карту. Всё прошло без всяких проблем.

- Вуаля, месье!

Адам расписался на чеке и прошёл к продуктам. Он осмотрел прилавок, но нигде не нашёл пакеты для упаковки.

- Месье! А пакеты где? Как я потащу это всё?

Месье заговорил что-то на своём родном языке, мол, он здесь ни при чём.

На выручку пришёл один из очереди, который очень хотел уже уйти оттуда.

- Месье! Вы американец, я понимаю. Я немного скажу по-английски. Он вам просил купить пакет. Вы сказал, «нет».

- Да я не понял. Скажи, мне надо 4 пакета.

- Да, месье. Эта надо платит, 40 цент.

Адам заплатил запрошенную сумму, получил пакеты и принялся паковать добычу. Очередь двигалась мимо него. У всех было по одной-две покупки. У всех были принесённые с собой пакеты.

«Вот они, эти французы. На пакетах экономят.»

Адам оглядел свои упакованные продукты.

«Как я потащу всё это? За всё заплачено, значит, надо тащить».

Это было непросто. После нескольких непродолжительных остановок он упёрся в стныне родную парадную. Требовалось приложить ключ-кнопку к двери, а затем проскользнуть в ненадолго открытую дверь. С четырьмя тяжёлыми пакетами в руках это могло походить на фокус. Он сложил покупки перед дверью так, чтоб можно было сразу и легко подхватить. Приставил ключик к дверце, и что-то там щёлкнуло. Адам изящным движением подхватил покупки, упёрся задом в дверь и тихонько давил, пытаясь вдвинуться внутрь. Дверь по привычке упруго сопротивлялась, но Адам хотел не только жить в этом подъезде, но хорошо и вкусно поесть. Здравый смысл победил, и он стал взбираться на второй этаж пешком, справедливо полагая, что с лифтом такой трюк не пройдёт. Маленькая студия наполнилась продуктами. Холодильник смог вместить разумное количество продукции, за сохранение которой он отвечал. К счастью, вино и хлеб не претендовали на место в холодильнике.

Адам определил часть продукции к немедленной реализации. Всякие коробочки и упаковки можно было выбросить без ущерба для содержимого. Стол, а вернее барная стойка со стульями, был сервирован. Большой круглый панцирь краба, фаршированный чем-то рыбным, но вкусным, был принесён в жертву аппетиту первым. Затем была опробована и чрезвычайно одобрена копчёная грудка утки, затем слабосолёная сёмга с багетом, и наконец подошла очередь сыров. И Божоле, и бордо ничуть не мешали пиршеству, а даже, наоборот, способствовали аппетиту. По телевизору показывали какую-то драму из жизни королей и принцев, но Адаму было не до них. Утолив голод, он понял, что не просто наелся, а больше не может проглотить ни кусочка. Вино, напротив, шло не споря.

Закончив трапезу, Адам запихал остатки в переполненный холодильник и подошёл к балкону, глотнуть свежего воздуха. За окном темнело. Бомж раскатывал свой матрас, и всё отходило ко сну. Адам согласился с окружающими и прилёг на свой раскладной диван. Ему снились плавающие утки и летающие сыры.

Монако

Проснувшись утром, Адам понял, что было выпито неплохо. Он не помнил сколько. Голова не болела, но во рту чувствовался какой-то привкус. Постепенно память возвращала картинки славного вечернего досуга.

«А неплохо я оттянулся! Давно не отведывал такого вкусного и приятного ужина. Вот сколько я выпил, это вопрос? Надо встать и посмотреть. Валяться некогда. Я же собирался ехать в Монако. Гимнастика, горячий душ и вперёд».

Обследование опорожнённой посуды доказывало, что выпито неплохо. Но без тяжёлых последствий. Так, по мелочи. После душа Адам повытаскивал всё из холодильника, пытаясь добраться до Креп Сюзет и кексика с шоколадом. И то, и другое оказалось на вкус волшебным. Подогретые в микроволновой печи, со вкусом апельсина Креп Сюзет были словно только что приготовлены в хорошем ресторане, а из кексика потёк густой вкуснейший шоколад. С чаем это был волшебный завтрак.

«Надо будет на завтра ещё прикупить. Ну очень вкусно!»

По плану Адам хотел весь день посвятить посещению Монако, а вернее, Монте Карло с его знаменитым казино. О нём написаны книги и сняты фильмы, а теперь есть возможность увидеть это воочию. Он, ещё готовясь к путешествию, распечатал из интернета карту, по которой можно было ориентироваться на месте. С центрального вокзала Ниццы ходили поезда. Вправо поедешь - попадаешь в Монако, влево поедешь - выйдешь в Каннах.

Наутро, сверяясь с картой, Адам отправился искать центральный вокзал. Всего два раза спрашивал у местных, но не слышал желаемого ответа. В ответ что-то вроде «влб, блб». Но звуки можно различить, когда хоть немного знаешь язык. А с его запасом в 10 слов это сложно. Французский имеет множество сходных слов с испанским. Если очень медленно произнести все дни недели, то, возможно, он бы и понял, о чём толкует народ, но связать что-либо осмысленное, наверное, уже не в этой жизни.

Как бы то ни было, нашёл он этот вокзал. Как всегда, в этих районах толчётся много подозрительного народа. Кто бы сомневался. Вокзал - самое место для всяких проходимцев. Народу там оказалось больше, чем хотелось бы любому нормальному человеку. При подходе к вокзалу были в основном выходцы из ближневосточных стран и Африки. Они чувствовали себя как дома. Громко кричали и размахивали руками. Адам постарался быстрее войти в здание вокзала. Народу было много. Большинство рассматривали огромное световое табло с расписанием поездов и другой информацией. Было понятно, что отсюда поезда идут по всей Франции. Марсель, Париж, Лион - это понятно! А ему куда?

Местный народ стоял у множественных автоматов. Чего-то там набирали, совали деньги и получали нужные бумажки. Понятно, Адаму такой способ не походил, да ещё там было написано «без сдачи».

Но он был не один такой. Часть народа бестолково металась и искала, кого бы спросить. Нашлась женщина, которая отвечала на любой вопрос: «Идите направо». Ну они все и пошли. Образовалась жуткая очередь, как оказалось, к железнодорожной кассе. Подошла и очередь Адама. Он отправился к ближайшему свободному окну.

- Бонжур, месье. Кес ке ву авез бесон?
- Да как вам сказать? Мне надо в Монте Карло и обратно.

Он показал на пальцах, как ему очень надо ехать.

- Уи, месье! Тен юрос.
- О! Вы говорите по-английски! Вот это радость!
- Уи, месье! Тен юрос.
- Туда и обратно?
- Уи, месье. Тен юрос.
- А когда поезд идёт?
- Через тен минутс, платформа Д.
- Ох ты, господи. Только бы не перепутать.

С билетом в руках и картой маршрута он отправился к выходу на платформу. Народ впереди него совал билеты в какую-то стоящую посереди прохода машину. Она жужжала и чего-то там делала. Он последовал общему заразительному примеру и сунул свой билет. Машина жамкнула и выплюнула билет обратно. За всей это бестолковщиной бесстрастно наблюдало двое полицейских. Адам смело направился к ним.

- Бонжур. Как пройти на платформу Д?

Они переглянулись и пожали плечами.

«Да, это не Рио-де-Жанейро и даже не Нью-Йорк.»

Он вышел на перрон. Платформа Д находилась по ту сторону рельс. Надо как-то туда попасть. Он пробежал по платформе вперёд, затем назад. Перехода через рельсы не было. Бежать по рельсам, но полицейские не спускали с него глаз. Можно провести день в кутузке. Он был не один, ищущий желаемый переход к платформе Д. Они мотались в неорганизованной толпе, пока кто-то над ними не сжалился и не послал обратно в зал ожиданий. Там оказался спуск по лестнице вниз и к коридору с различными выходами. А уж букву «Д» он увидел сразу. Тут и поезд подошёл. Вагоны старые и пошарпанные внешне, но внутри неплохо. Народ набежал, многие с велосипедами, которые подвешивали, как туши животных, на большие крюки.

«Вот дают. Тут сидеть негде, а они велосипедов понавешали». Поезд тронулся, и Адам стал считать остановки. Судя по карте, надо было выходить на пятой остановке.

Поезд двигался не спеша, изредка останавливаясь на каких-то станциях. В вагоне висела схема поездной линии, но не очень ясно было, где надо выходить.

Адам думал о проблеме, возникшей с утра в квартире, где он пребывал. Он там всего на 4 дня. Он прибыл в воскресенье, а в пятницу должен сесть на паром, который отвезёт его на остров Корсика. Эта студия была недалёко от моря и как бы в центре. Есть туалет с душевой, кухня со всем необходимым, ТВ, правда только по-французски, и диван-кровать. В шкафу он нашёл всё, что надо.

Любезные хозяева проверили, есть ли у него вай и фай, записали пароль и свои координаты и оставили его одного. Во время утреннего пребывания в приятном туалете он обнаружил, что его друзья-близнецы, вай с фаем, приказали долго жить. Это настолько вывело его из строя, что он прервал естественный процесс и попытался отправить письмо хозяевам квартиры, но, увы, оно не ушло. Адам догадался, почему. Весь в расстроенных чувствах, обдумывая свои действия на сегодняшний день, взошёл в душевой кабинет и, чувствуя некоторую тесноту, развернулся там и задвинул стеклянные двери кабины. Две стороны кабины составляли прямой угол, а остальное пространство смыкалось дверями по радиусу. Двоим там не было места, он был один и ворочался, как медведь в берлоге. Есть горячая вода, но нет полочки или другого приспособления для мыла и шампуня. Не мудрствуя лукаво, он положил средства на пол и принялся намыливаться.

«Как бы не забыть и не наступить на мыло. Все знают, что оно скользкое».

Он обмыл весь перед, и пришла пора мыть остальную часть тела. Адам стал осторожно разворачиваться, как большой корабль, заводя корму. Манёвр почти удался, но его зад вошёл в соприкосновение с ручкой, управляющей водой, и полилась она обильная и горячащая.

«Мама, ваша мама! Какая... нехорошая женщина это придумала?»

Пришла пора вытираться и выбираться из этой моечной мышеловки. Большое полотенце он достал легко. Сам процесс вытирания требовал некоторой свободы. Высунув одну ногу из стеклянной ловушки, он поставил её на крышку унитаза, и обтирание прошло легче лёгкого. Пора было вытаскивать остаток тела на свет божий. Высунув сначала одно плечо, а за ним и другое, обтёртую ногу засунув в тапок, он с лёгкостью водрузил вторую ногу на пол - и вуаля. «Всё хорошо, как там? Прекрасная маркиза, всё хорошо.» Потом он так насобачился, что проделывал всю эту процедуру в лёгкую. Адам позвонил хозяйке квартиры и рассказал о своём несчастье. Хозяйка обещала приехать вечером и привезти больше оборудования для обнаружения исчезнувших близнецов, вая и фая. В шесть вечера Адам должен быть на месте, и наверняка его проблемы будут решены. Делать было нечего. А пока он ехал в Монако, а вернее, в Монте Карло.

Казино Монте Карло

Всё было понятно начиная с момента прибытия в княжество Монако. А чтоб быть точным, в деревеньку Монте Карло. По дороге из окна поезда было видно с одной стороны бескрайнее Средиземное море, а с другой высоченные отроги Альпийских гор. Пару раз поезд нырнул в туннель, и когда он прибыл в Монако, все отправились к эскалаторам, напоминающим по длине петербургское метро. Выход был высоко в горах. Вниз открывался волшебный вид с неисчислимым количеством морских видов транспорта, начиная от сравнительно небольших яхт и заканчивая многопалубными океанскими крутыми лайнерами.

Всё, что Адам видел дальше, однозначно говорило, что это всё, ребята, не для вас. Здесь живут и должны жить люди не просто богатые, а очень богатые, и ещё не в первом поколении. Новые русские были и здесь. Но их так и называют, потому что они нувориши. Можно перевести как скоробогатые. То есть ставшие богатыми вдруг. То ли украли, то ли провернули какую-то аферу, но это не старые, фамильные состояния и титулы. Всё вокруг говорило и дышало породой, королевской роскошью и привилегиями. Здесь мало быть богатым, здесь надо быть принятым. Первые по дороге три магазина рассказывали, для кого они. Первый назывался просто: «Престижные автомобили Монте Карло». Афиша приглашала в шоу-рум 800 (!) квадратных метров.

«Ламборгини», «Мазерати» и «Бугатти»! Очереди нет. Вообще все вокруг передвигаются на различных мотоциклах. От сказочного «Харлей Дэвидсон», хром и чёрный лак, цена выше, чем приличная квартира в хорошем месте, до скутера с тремя колёсами. Два впереди и одно сзади. Вокруг носились машины, в большинстве представительского класса. На больших скоростях, лихо закручивая на поворотах. Значит, для начала надо иметь престижное жильё, престижный автомобиль, ну, небольшую яхту - это как минимум.

Второй магазин был попроще, под названием «Пломбир».

Но это не было всем известное вкусное мороженое. Это слово означало сантехнику. Всё, что нужно, чтоб оборудовать ванную и туалет. В окне были выставлены такие умопомрачительные приборы, что Адам решил не спрашивать цену. Хватит и других стрессов в этой жизни. Третий продавал жильё. Агентство по продаже недвижимости называлось «Иммобильяре»! Адам вспомнил последнюю серию фильма «Крёстный отец», где главный герой хотел купить Ватиканский одноимённый банк. Если у тебя есть миллион и всё, ты не человек этого круга. Найди себе место попроще.

Спускаясь вниз по эскалатору или на лифте, попадаешь на торговую улицу сплошных бутиков и банков. Все, кто имеет хоть какое-то имя в мире, здесь присутствовали. Неизвестно, прибыльно или нет, но положение обязывает. Толпа фотографировалась на фоне дорогих и престижных магазинов. Адам, естественно, тоже увековечил свой незабвенный образ. Дорога вилась вниз, поворачивая то направо, то налево. Как они здесь проводят знаменитые в Монте Карло гонки, «Формула 1»? Наконец, они вышли на знаменитую площадь, где расположен известный всему человечеству отель «Де Париж», а внутри и есть главная достопримечательность, Казино Монте Карло!

Это знаменитое на весь мир казино было построено в поздних годах 18 века. Здесь кутили и проматывали состояния, титулованные мира сего. Говорят, что один из будущих царей России поигрывал в этих стенах. Кто есть, кто в высшем свете европейского сообщества были отмечены своим присутствием в этих стенах. Сегодня за €10 вам сделают организованную экскурсию по волшебным залам казино и расскажут, какие титулованные особы, вплоть до королевских, посещали его залы. Этому казино посвящены книги, рассказы, киноленты. Проиграть там - особый шик.

Собираясь там побывать, Адам, понятно, хотел сделать несколько ставок, заранее понимая, что шансов вдруг выиграть нет. А если вдруг случится, то никто его оттуда не выпустит, пока он не проиграет всё, что есть, и всё, что он сможет занять. Он решил взять с собой только €50. Купить 10 фишек по €5 и поставить в рулетке 10 раз. После этого он мог гордо говорить, что играл в Монте Карло. Но там такие умные, как Адам, приходят табунами. Адам стал подниматься по лестнице казино, но был остановлен цербером во фрачной паре.

- Закрыто! После двух часов.

Перед казино на большой площади бродило, стояло и сидело за столиками полчище народу. Вот оно что. Все ждут 2-х часов. Впереди целый час, а Адаму надо вернуться в Ниццу к 6 вечера. Хозяйка квартиры обещала прийти и разобраться с ваем и фаем.

«Ничего. Быстро поставлю, проиграю и на поезд».

Адам присел за один из свободных столов. Через какое-то время к нему подошёл официант.

- Месье. Что желаете?
- Чашку кофе.

Адам развернул оставленное меню.

«Однако, 6 евриков за чашечку кофе! Но уже попал. Нормальные люди подходят, смотрят меню и уходят. Не понравилось, мол, что-то».

Официант принёс маленькую чашечку кофе и стакан с водой. Во Франции таков стиль подачи кофе. Чуть на донышке кофе и утешительный приз - стакан воды.

Все пьют чего-нибудь и тянут время. У всех телефоны, и все чего-то там смотрят. Адам смотрел в свой телефон, как и все.

Прошёл час, вся площадь закипела и потянулась к входу в казино. Пока Адам ковырялся с мелочью для чаевых, на высоком крыльце собралась густая толпа. Начали запускать, отправляя таких, как он, с рюкзаками, сдавать их в гардероб. Пока туда и сюда, он уже стоял в конце длиннющей очереди.

«Чего дают? Может, бесплатные фишки сегодня? Висит объявление».

Вход на экскурсию - €10. Вход на американскую рулетку - €10. Вход для игры блэк-джек - €20 и т. д.

«Значит, минимальная ставка в рулетке - €10. Смогу сделать 5 ставок. Быстрей уеду».

К нему, почему-то именно к нему, подходит один во фрачной паре.

- Там ещё одна касса открылась.

Адам побежал в указанном направлении, его обогнал более высокий и молодой.

Кассирша их быстро отфутболила.

- Ко мне не стойте. у меня проблема с компьютером.

Они бегут обратно, но там набралось ещё больше народу. Адам вообще человек невыдержанный. Его возмущённый голос в робкой тишине зазвучал очень громко.

- Аллё! Что за дела? Мало, что мы должны платить за вход, ещё и сплошной бардак!

Стало совсем тихо. Народ безмолвствовал.

- Это что? Опера «Борис Годунов»? Чего все затихли?

- Они ещё заставляют нас платить за вход! – это был его сосед.

- Вот-вот! Они нам должны выдать по €10. За то, что мы пришли! В Атлантик-Сити Дональд Трамп построил огромное, третье казино, «Тадж-Махал». Туда народ возят практически бесплатно, да ещё дают талоны на еду и по $10 в 25-центовых монетах. Играйте, ребята. И вся выпивка за счёт заведения. А здесь отбирают деньги за вход. Трамп едва не погорел на своём третьем казино. По слухам, оно обошлось ему в $1 миллиард. Люди его предупреждали, что он будет соревноваться со своими же двумя другими казино. Так и получилось!

- Он что, погорел?

- У меня был партнёр из Одессы, он говорил: «Пусть волнуются те, кому мы должны!» Трамп был должен, по слухам, крупнейшему мировому банку «Ситибанк» $4 миллиарда. Они должны были его спасти, чтоб самим не потерять эту чудовищную сумму.

- И как у него дела? Это не он хочет стать следующим президентом?

- Именно он. Вот будет потеха, если станет!

Вся очередь слушала их разговор, и, похоже, с сочувствием.

Появились ещё две кассирши, и работа закипела. Когда подошла очередь Адама, он протянул банкноту в €10 и подтвердил своё намерение играть в рулетку.

- Паспорт, пожалуйста.

- А для чего?

- Таков порядок. Мы всех регистрируем.

Адам вышел из очереди, злой как собака. Паспорт остался в чемодане.

«Зачем игроку в рулетку, чтоб все знали, что он игрок? Это моё личное дело». Мимо него прошёл небольшого росточка, щегольски одетый человек. Он миновал кассу и поздоровался за руку с подобострастно склонившими головы дежурившими в дверях охранниками. В руках он нёс чемоданчик, который показывают в фильмах с крутыми игроками. Чемоданчик для фишек при ставках в казино. Профессиональный игрок. Неплохая профессия.

Можно ехать домой. У него сохранились €50. Казино Монте Карло, по его мнению, заведение, где он не хочет играть. Вообще, весь дух здешнего места, с его показным желанием высокомерно объяснять тупым: «Стыдно быть бедным», ему лично казался неприятным.

Снова в Ницце

В поезде по возвращении в Ниццу Адама не оставляло чувство раздражения по поводу посещения казино «Монте Карло».

Они попросту не хотели никого пускать, кроме своих, привилегированных гостей. Все остальные для них просто шушера. Вот и платите цену за возможность поглазеть на то, как надо жить. Это в Америке вы желанные гости в казино. У нас не Америка. Да, рулетка американская. С двойным зеро. Это значит, что дважды казино забирает все ставки, если, конечно, вы не поставили на зеро или двойное зеро. Все остальные ставки биты.

Системы угадать, куда упадёт шарик, не существует.

Но есть какая-то возможность у крупье уложить шарик в нужное гнездо. В одном из круизов, где разрешают азартные игры, как только судно оказывается в нейтральных водах, Адам спросил у крупье в казино, почему никто не играет в рулетку, а только в блэк-джек.

- Хотите сыграть в рулетку? Пожалуйста!

Адам поставил на красное 11 раз, и одиннадцать раз выпало чёрное. Крупье его убедил. Возможно, только на этом судне. Адам предпочитал блэк-джек, тоже выплаты один к одному. Карты все открыты, и только у крупье одна карта закрыта. Теория говорить, что надо всегда считать её за 10. Соответственно, прикупать или останавливаться. Говорят, что люди запоминают, какие карты вышли, и пытаются угадать, какая следующая. Крупье заряжает в «башмак» 7 колод карт. Попробуй посчитать, что осталось. Говорят, есть люди, умеющие считать. Казино - большой бизнес и должен приносить прибыль. Иначе он прогорит. Понятно, что никто не допустит, чтоб какой-то, тем более случайный игрок обыграл казино. Но в Монте Карло вообще не хотят случайных игроков. Им хватает своих, богатых и аристократичных. Адам видел парочку новых русских, подъехавших на «Бентли» с московскими номерами. Никто к ним с объятиями не бросался. И поделом.

Адам хотел попасть в другое казино. Так называется великолепный магазин неподалёку от его дома. Прекрасно жить в цивилизованной стране. Есть магазины, конечно, если есть деньги, покупать в этих магазинах.

«А как жили в первобытном обществе? Что поймаешь, то и съешь! Но так было давно! Теперь что найдёшь, то и купишь! Старая история о том, что любовь приходит и уходит, а кушать хочется всегда! Старо, но с этим не поспоришь. Утром встаёшь и думаешь о нём, о завтраке! Днём думается о другом, о ланче. Ну а к вечеру, тут дело особое! Хочется чего-то такого, этакого! Праздничного! То ли душа просит, а то ли желудок? Но не просто бутерброд с колбасой. Скучно! На праздник души вина хорошего, да и еда должна быть такая, такая...чтоб петь хотелось и немножко пить...»

Всё уже было знакомо Адаму в этом магазине. Словно он уже был покупателем здесь много лет. Немного поколебавшись, он выбрал копчёную грудку утки, так понравившуюся вчера.

Скалопсы, которых в России почему-то называют морские гребешки, и, разумеется, прекрасные кексы с тягучим шоколадом внутри. В винном отделе появился «Порт», португальский. Адаму очень нравилось это вино. Сладкое, тягучее и достаточно крепкое. Порт относится к типу алкогольных напитков, которые полагается пить после обеда или ужина. Ну, так же, как, например, коньяк или ликёр. В России во времена юности Адама, вино порт превратилось в обычный портвейн. Любимый и дешёвый напиток для алкашей. Его делали из всякой дряни. Ходила шутка, что портвейном хорошо заборы красить. Попробовав однажды приличный португальский, а потом английский порт, Адам стал его большим почитателем. Прихватив уже отваренные креветки и порцию маринованного осьминога, Адам выгрузил свою добычу у кассы.

Кассир что-то спросила, Адам кивнул головой, показав два пальца. Оказалось, что он угадал правильно, за что и был вознаграждён двумя упаковочными пакетами.

Дома его ждали мадам и месье Азур. Они очень извинялись за причинённые неудобства.

Всё разрешилось, к всеобщей радости. Вай и фай вернулись в дом.

Проводив гостей-хозяев, Адам принял душ со всеми предосторожностями, вспоминая не совсем приятный опыт, полученный с утра. Настроение было прекрасное. Накрытый стол радовал глаз разнообразием давно не вкушаемых деликатесов. Обжаренные слегка морские гребешки, смешанные с креветками в горчичном соусе, были гвоздём программы. Славный порт довёл Адама до полного блаженства. Ему стало казаться, что он понимает, о чём говорят герои сериала в телевизоре. Но неинтересно.

Монте Карло - это для дураков. А вот еда во Франции супер!

Ночь прошла безмятежно. Как опытный человек, Адам поставил бутылку с минеральной водой около дивана и пару раз за ночь прикладывался, гася любые проявления сухости во рту.

Канны

На следующий день с утра пораньше Адам отправился вновь на центральный вокзал с намерением посетить Канны. На вокзале, уже зная процедуру, он купил билет туда и обратно и отправился смотреть на табло, когда и откуда отправляется поезд в Канны. Выходило, та же платформа. Только в другую сторону. Всё идёт хорошо. На платформе полно народу, как и он, ждут поезда. Прошло 15 минут, табло замигало, мол, приготовьтесь к посадке. Через 10 минут на платформе появилась группа нервничающих полицейских, внимательно всматриваясь в народ и прохаживаясь по перрону. К одному подошёл полицейский и потребовал прекратить курить. Прошло ещё 20 минут. Адам нервничал давно, не понимая, это его поезд или нет. Замигало табло, доказывающее, что и следующий поезд уже здесь. Народ звонил по телефонам, вероятно, излагая причину задержки. Канны - одна из остановок, и народ ехал по разным поводам. Наконец подошёл поезд. Народ рванул, с велосипедами, собаками, баулами. Адам вспомнил питерские пригородные электрички и рванул тоже. Полицейские пробежали по вагонам, и поезд тронулся. Через полчаса в вагоне стало посвободнее, и пассажиры прибыли в Канны.

Бодро прошагав через небольшой вокзал и выйдя на улицу, Адам увидел знак: мужчина и женщина, плюс знакомые буквы WC. Почему в Европе пишут по-немецки «ватер клозет», для него большой секрет. Но уже привычно. Стрелка показывала направо, и он направился в сторону указующей стрелки. Народ бодро дошёл до заведения, а внутри оно платное. Деньги, как известно, не пахнут, и на этом можно заработать.

- Почём WC? €5?

Старичок, охраняющий вход в рай, шутки не принял.

- 50 сантимов.

Французы любят мелкие деньги. 1, 2, 5, 10, 20, 50. Это зачем такие мелкие деньги? Про французов говорят, что они прижимистые. Эта мелочь наверняка убыточная при изготовлении. Адам отсыпал служивому мелочь и был допущен к писсуару. А мало ли что в пути произойдёт? Ищи потом WC, а потом ещё мелочь. Канны, как в большинстве приморских городишек - небольшие старые домики и кривые улочки. Петляя по ним, он вышел на большой бульвар, тянущийся вдоль побережья Средиземного моря. Вероятно, раньше это был небольшой заштатный рыбачий посёлок. По слухам, умный мэр в 1939 году предложил построить зал и проводить там кинофестивали. Кино в то время уже привлекало всеобщее внимание.

Вдоль бульвара выросли многочисленные фешенебельные отели, которые принимали звёзд кино и гостей фестиваля. Сам кинодворец претерпел множество перестроек, и теперь каждый знает знаменитую красную дорожку на ступенях этого зала.

Народ фотографировался, принимая различные позы. Адам, как и все, фотографировался на фоне чужой славы, пытаясь увековечить свой образ на звёздном каннском пейзаже.

«Ангелы Чарли»

Канны! Тепло, красиво! Только что прошёл фильм «Ангелы Чарли»! Это ремейк известного фильма 80-х прошлого века. Три красотки выполняют роли детективов под началом неизвестного по имени Чарли, голос которого они слышат из радиоприёмника. в современной версии три современные красотки проделывают чудеса маршал арт и восточных единоборств. В парке стоит скульптура с этими самыми ангелами. В группе из трёх красоток у средней вместо головы пустой овал. Специально для туристов. Адам решил обязательно запечатлеть свою физиономию вместе с роскошными красавицами. Проходящий, судя по физиономии китаец, любезно щёлкнул Адама на добрую память. Вышло забавно!

В Каннах надо побывать хотя бы один раз в жизни, если вы, конечно, не звезда кино. Тогда надо ездить постоянно, в надежде получить премию Каннского фестиваля. Едва ли не самого престижного в Европе. Почему Канны? Что там такого особенного? На этот вопрос экскурсовод, возившая туристов по

Каннам на маленьком, в три вагончика, игрушечном поезде, рассказала о каком-то амбициозном мэре города, который захотел Канны прославить. Построили первый тогда большой холл, который дважды перестраивался, и объявили столицу проведения кинофестизалей. Гостиницы для звёзд киноиндустрии появились, само собой. Где-то звёзды должны останавливаться. Вот и все Канны, если не считать маленького пляжика. В России говорят, понт дороже денег. Ну а здесь, где бывают звёзды, это престиж!

Знаменитый холл с красной дорожкой, на фотографии у Адама вышел на фоне его шикарной шляпы!

Трамвайчик из трёх загончиков, типичный транспорт для небольших городов Франции, для любознательных туристов возил их от отеля к отелю.

Экскурсовод торжественно вещала, кто из великих спал, ел, останавливался в том или ином отеле. Про Карлтон он, подняв к небу глаза, сказал: «Здесь останавливается Роберт де Ниро». Все экскурсанты смотрели на отель, словно ожидая, что он, обожаемый актёр, сейчас выйдет на балкон и помашет всем ручкой. Паровозик возил туристов от отеля к отелю, и везде кто-нибудь когда-нибудь жил. Всё это, вкупе с холлом, в котором проходят церемонии Каннского фестиваля, составляют славу города!

В любом новом городе надо найти туристическое бюро. Они дадут карту и подскажут, что смотреть. Канны, особенно для обозрения, не представляют особых шедевров. А вот легенд о том, где жили звёзды кино, где снимали те или иные фильмы, кто кого любил и прочие истории киноиндустрии, это пожалуйста. Есть трамвайчик. Это такой детский паровозик, как в Диснейленде. Три вагончика и наушники, аж на восьми языках, включая русский.

Вагончик тронулся, и они услышали: «Вот здесь останавливался Роберт Де Ниро, а здесь Джон Траволта, а здесь любят пошалить в казино...» и так все 30 минут. Небольшой песчаный пляжик. Много яхт, хороших! Ну это понятно. Новые русские имеют здесь... это тоже понятно. Они проезжали мимо городского рынка. Адам хотел выскочить и остаться, но было как-то неудобно.

«Ладно, закончится экскурсия, сюда вернусь». Городок Канны небольшой, пляжи, дворец фестивалей и множество шикарных отелей на центральном бульваре вдоль побережья. Есть длинная торговая узкая улочка. Как везде в южных городах, сплошные бутики и ресторанчики.

Трамвайчик завернул к дворцу фестивалей, все вышли. Адам, поворачивая из улочки в улочку, отправился искать то, что ему было действительно интересно. Найти это он нашёл, но рынок, оказывается, работает до 12:30. А потом, извините, фиеста. Выгребали лёд торговавшие морепродуктами. Бросали с размаху пустые ящики овощники. Стоял шум и гам, и всем было не до Адамова любопытства. Пора идти на вокзал и ехать домой, в Ниццу. Да и кушать хочется.

«Пока, Канны. Если меня не позовут, я вряд ли сюда приеду».

По дороге он обдумывал меню сегодняшнего обеда. Возиться не хотелось, и он решил купить готовую паэлью и разогреть, а заодно и что-то вкусное на десерт. Паэлья была супер. Порция на двоих, но Адам не удержался и съел всё сам, оставив немного риса. Кекс с истекающим изнутри шоколадом заставил подумать о том, что неплохо бы ещё прикупить два.

Снова в Ницце

Жизнь продолжается. Весь следующий длинный и жаркий день, прежде чем добраться до дому и устроить праздник живота, Адам провёл под палящим солнцем и бродил, знакомясь с Ниццей.

Как и положено, он заблудился и понял, что надо выйти к морю и танцевать от печки. Вся Ницца расположена вдоль этого самого моря, и набережная, по которой все гуляют, в насмешку названа Английской. Значит, надо выйти к морю. Первая на вид приличная дама Адама не разочаровала.

- Мэрх! Вуаля!

Представьте - человек картавит. Слово «море» по-французски звучит «мэр». Но буква «р» произносится картаво и с клокочущим звуком, ну как израильтяне. Вот и получается, мэрх.

В общем, нашёл Адам море. Сразу, на набережной, увидел знак I. Это для таких, как он. Информация для туристов. Найдя офис, где было полно народа, он дождался своей очереди и попросил отметить на карте, где он сейчас, где он живёт и где порт, чтоб сесть на паром. Добрый юноша принялся чиркать на карте, а на просьбу дать Адаму оную на английском языке, оскорбился и ответил, что все карты на французском. Это, конечно, мило, французский патриотизм, но, как правило, везде есть и дубли с английским шрифтом. За неимением простой пишут на гербовой. (Старинная русская притча). Спасибо и на этом.

Английская набережная тянется вдоль моря, пересекаясь с многочисленными выходами к нему. Пляжи все галечные. Есть общие, с платой за туалет и за душ. Есть просто платные. Многочисленные рестораны располагаются прямо на пляже. Самый известный ла пляж Лидо. Ночью всё освещено и звучит музыка. Русские голоса слышны везде. Стайки молодых и, похоже, не из бедных семей тусуются повсюду.

Адам отправился искать, где находится морской порт, поскольку завтра ему из него отправляться на Корсику. Это было далеко, и Адам решил завтра дойти до конца. По пути обратно он решил возвращаться не по Английской набережной, а по параллельной улице вдоль неё, но за длинной стеной. Там оказался жутких размеров блошиный рынок. По нему бродили тучи туристов. Продавали всё: посуду, приборы, стекло, антиквариат, художественные изделия и просто поделки. Без русских матрёшек и прочего набора тоже не обошлось. Это были буквально километры столов, заваленных различными изделиями. Народ ходил, приценивался. Продавцы сидели с друзьями за столами, пили вино и вели светские беседы. Все были счастливы. Это была скорее светская развлекуха, а не барахолка.

Разорившиеся дворяне непринуждённо продавали свой скарб.

В большом и любимом супермаркете «Казино» продавалось

всё, что нужно человеку, решившему отведать французские деликатесы. Забыв благоразумие, Адам набрал сыров, хамона, вина и фруктов. Ну и конечно морепродукты и паштет. Всё это кончилось обжирательством и утешило его перед сном.

Возвращаясь к дому, Адам наткнулся на ещё один продуктовый магазин, который произвёл на него большое впечатление. Это европейская сеть магазинов, где продают замороженные продукты. Приходишь в такой магазин с пустыми руками. А там всё замороженное. Всё! Закуски. Первые блюда! Вторые! Десерты! Овощи. Есть упакованные, а есть вот так! Россыпью! Нагребай! На кассе взвесят. Висят пакеты, специальные для мороженых продуктов. Даже без специальных пакетов, при любой температуре, несколько часов, гарантия сохранности! Ассортимент поистине огромный. Особенно морепродуктов. Это для очень занятых или совсем ленивых! Бывает, что возиться некогда! Взял, оттаяло, съел! Соусы там же! Любые овощи или крупы там же. О чём-то подумал? Там уже есть! А что делать-то остаётся? Так неинтересно! Но быстро!

Оревуар, Ницца

Пришло время ехать дальше. На пути лежало путешествие на пароме в столицу острова Корсика Аяччо. Хорошее название для тех, кто говорит по-русски. Паром отправлялся из порта в 15:00 и через 6 часов прибывал в это Аяччо. Порт находился в конце длиннющей Английской набережной, и Адам решил идти пешком: а) в целях экономии, б) попрощаться с Ниццей и в) не знал, как вызвать такси. Большой чемодан, рюкзак с несъеденными продуктами за спиной и шляпа на голове вышли все вместе на эту Английскую набережную и покатили. Не надо думать, что он был один такой. Катящих чемоданы по набережной было много. Становилось тепло, проще сказать, жарко. Вокруг народ бегает в плавках и бикини, Адам в шортах, рубашонке и кроксах на босу ногу. Кстати, в этой обуви во Франции он был один. Ему, конечно, всё равно. Он разговаривал сам с собой.

«На кой хрен, экскьюз муа, я тащу в чемодане ещё три пары обуви? Одни для пляжа с камешками, другие для дождя и третьи, если куда-то одеться.

А зачем четыре пары брюк и ещё две пары шорт? Чёрт его знает, сами лезут. А куча разных причиндалов? Ну, это на всякий случай. Никогда не знаешь. А почему я должен всё это таскать? А кто? Это всё барахло моё».

Адам думал, что за час-полтора, не торопясь он дойдёт. Прошло два часа, и наконец он, уставший как собака, подошёл к порту. В будке сидел весёлый дядя.

- А где тут у вас садятся на паром до Корсики?
- Это, милок, на другой стороне марины.

Эта марина, стоянка для морского транспорта, была широкая и длинная. Казалось, обойди её - и вся недолга. Мерси боку! Ещё 30 минут пёрся вокруг этой... марины. Вот наконец он пришёл. Время ещё есть. А сил уже нет. А там лёгкая проверка.

- Поставьте чемодан для проверки на ленту транспортёра. Снимайте. Идите на пирс № 3. Это во-о-он туда.

Пока Адам шёл, причаливался его паром. Огромное, семи палубное морское судно. Из его чрева посыпались машины и мотоциклы, как горошины. Народ, желающий попасть на паром, растянулся на полкилометра. Люди, выходящие кончились, и стали запускать ожидающие очереди машины и мотоциклы. Народ выстроился в живую очередь, спеша занять места. Адам, жутко уставший, охранял свой надоевший чемодан и ждал, когда их запустят. Когда-нибудь всё происходит. Он забрался по переброшенному железному трапу и суетливо пытался выяснить, где его оплаченное наклоняющееся кресло.

- Но френч, инглиш плиз.
- Идёшь всё прямо, первый поворот и направо.

Он долго шёл по длиннющему коридору прямо, пока не остался один. Его догнал человек в морской форме.

- Куда направился?
- Мне сказали прямо, а потом направо.
- Но, но, но! Налево, но это давно там, позади.

- Показывай, чёрт нерусский. Куда идти?

Они пришли в огромную залу. Там рядами стояли большие кресла, как в самолётах. Над головами висело много телевизоров, но без звука. Было место для багажа. Адам пристроил свой чемодан и занял своё место. Народу здесь было мало, хотя заходила целая туча. В креслах были разные кнопки, но ничего не работало. Всё вокруг было какое-то старое и замурзанное. Адам поднялся на шестую палубу. Там оказался большой, но закрытый ресторан, и народ позанимал диванчики и столики. Многие спали, положив головы на рюкзаки. На седьмой, открытой палубе оказался небольшой бассейн с кучей шезлонгов вокруг, но всё было занято.

Вот чего народ торопился занять. Поди знай.

Он вернулся к брошенному чемодану и попытался уснуть. Паром загудел и стал выбираться из порта Ниццы.

Аяччо – столица Корсики

Паром Ницца - Аяччо прибыл в столицу Корсики в районе 21:00. Народ с чемоданами столпился у дверей трапа, ведущего на волю. Парочка начальников в морской форме призывно кричала: «Гараж, только гараж». Выпускали народ, который приехал на транспортных средствах. Таких, на удивление, оказалось превеликое множество. Что делать на этом небольшом острове моторизированному до зубов народу, для Адама было загадкой. В первый же день он обошёл всю обозримую часть пешком, а на второй день, не поверив себе, сел за €10 на трамвайчик из трёх вагонов, и они славно покатались минут 40, с двумя остановками, плюс 10-15 минут, и вернулись на исходную позицию. Но это всё потом. А пока он созвонился с хозяйкой квартиры, и она сказала, чтоб он прошёл направо при выходе: «Там будет стенд газетный и я при стенде. Это 100 метров».

Ухватив покрепче чемодан в 20 килограмм, Адам, выйдя из ворот порта, повернул вместе с народом направо и прошёл до отметки 200 метров. Народ разошёлся, и он оказался один на пустынной и тёмной улице, и никакого не то что газетного киоска, но вообще ничего. Звонит телефон.

- Ты где?

- Я пошёл направо 200 метров. Вижу на другой стороне ресторан «Ле дофин» и всё. Газетного киоска нет.

- Ты пошёл не туда. Стой жди.

Прошло минут тридцать. Темно. Страшно. Хочется кушать и спать. С другой стороны, машет рукой женщина.

- Зачем ты сюда зашёл? Я же сказала. Смотришь на паром и идёшь направо.

- Я вышел из порта и пошёл направо.

- Да нет. Надо было стоять лицом к парому, а потом идти направо.

Может, у французов так. Адам не стал спорить. Они идут обратно, в сторону порта. Чемодан тащит, естественно, Адам. Это же его чемодан.

- Вот смотри, муниципалитет. Днём здесь же открывается морской рынок. Очень удобно. А вот бульвар. Днём здесь работает базар. Фрукты, овощи, сыры и всякая еда. А нам сюда, во двор. Вечером здесь работают рестораны. Один из них очень знаменитый. Надо записываться заранее. Пошли.

- А ничего, что мы с чемоданом? Народ закусывает.

- Всё в порядке. Это же двор.

Они прошли, виляя чемоданом меж столами, и в конце двора дошли до парадной. Наверх узкая крутая лестница. Ступеньки узкие, в половину подмётки, а ещё чемодан. Но есть перильца. Гигантскими усилиями мышц и воли Адам влез сам и втащил чемодан.

- Вот мы и дома. Квартирка небольшая, но в самом центре. Всё есть. Потом привыкнешь. Пошли покажу где помойка и где пляж.

Они вышли из квартиры. Адам закрыл её на два мощных замка, и они пошли направо, к бульвару. Везде во дворах сидели люди за столами ресторанов. Это всё пока во дворе. Перешли маленькую улочку, ещё два ресторана, и они оказались на набережной.

- Если прямо пойдёшь, то выйдешь на пляж. Налево улица, где родился Наполеон. Здесь в 6 часов утра рыбаки привозят рыбу.

- А где можно купить хлеба?

- Сейчас нигде. Только рестораны работают. Будьте осторожны. Здесь всякие люди бывают. Если что, звоните. Я уезжаю на несколько дней, но можно звонить.

Адам вернулся в квартиру. Выпил вина с сыром и лёг спать под шум французского телевизора.

Аяччо. День второй

День приезда, день отъезда, считай, день прошёл. Лёгкий завтрак - и вперёд, к новым приключениям. Главное не упасть с такой лестницы. Будет больно и обидно. Ресторанчики во дворе закрыты. Здесь вообще рано никто не встаёт. Утром 14 градусов, а днём 26. Благодать. Адам вышел к бульвару. Народ накрывает столы для распродажи всякой снедью. Дверь в рыбный рынок открыта. Он большой, много танков с морскими гадами. Присмотревшись, увидишь омаров, они же лобстеры, но для французов лангустины. Адам обратился к одному из продавцов.

- А где креветки, моллюски, ракушки, которые мидии, и прочая морская нечисть?

- Есть лангустины и рыбки разные. Лангустины маленькие по €52 за кило, а большие по €80.

- Знаешь, у нас маленькие по 3, а большие по 5.

Продавец шуток не понимает и смотрит серьёзно.

- Ладно, делать здесь больше нечего. За эти деньги пусть мои недруги едят.

Адам вышел на бульвар, превращённый в рынок.

«Овощи и фрукты, я вижу, тоже не бесплатно. Что-то по 3, а

есть по 5 евриков. Считать по-нашему - это жуткие деньги получаются. Вот у меня вопрос. Почему все француженки тощие. Если идёт не тощая, то это туристка. Жрут, извиняюсь, кушают всякую непотребную пищу. Хабоны (это по-французски хамон), фуа-гра (в основном из свинины), сыры, а про багеты вообще говорить не приходится. Смотришь, старушка с коляской тащится, а оттуда торчат два багета. Из булонжерии-булочной выходят двое. Каждый тащит в руке багет и тут же его кусает. В магазине вообще крупы нет. Только рис и в основном башмати. А где пшено, гречка, перловка? Есть паста всех видов. Масса готовых блюд с пастой или кускусом. А народ тощий».

Адам решил для эксперимента питаться, как они.

«Если что, буду потом голодать. А пока надо найти супермаркет».

Адам увидел пожилого дядьку, подметающего улицу.

- Где здесь супермаркет?

- А вот иди прямо наверх по улице и увидишь.

Адам долго шёл в гору, пока наконец не увидел магазин. Магазинчик был небольшой, с минимальным набором товаров. Несколько покупателей стояли в кассу. Они все болтали с продавщицей. Похоже, все здесь дружат. Адам взял бутылку воды. Подошёл к кассе.

- Есть у вас фуа-гра?

- Уи, месье!

Приносит маленькую баночку, 180 граммов.

- Так это фуа-гра конард! Это из утиной печени. Нет! Я хочу из гусиной.

Продавщица обращается к очереди, естественно, по-французски:

- Видал, гурман, подавай ему уи!

Народ был поражён.

- Простите! А как «гусь» по-французски? «Уи» это же вроде «да»?

- Месье! Следите за мной. Если сделать губки трубочкой,

получится «уи». А если губки растянуть и звук тот же издать вроде «ви», то получится «гусь». Короче, нет печёнки гуся. Она, по слухам, стоит до €90 за килограмм, и это сырая.

Адам вернулся обратно на бульвар. Из салатов только латук.

- Да вы чего, французы? А где руккола, эндивий, радиччио. Я же не лягушачьи лапки спрашиваю.

Народ смотрит опасливо, как на сумасшедшего американца. Адам пошёл опять на рыбный рынок.

- Взвесьте этого лангустина.

Тот, словно почувствовав, что конец близок, рванул из воды, хорошо, клешни завязаны. Огромный!

- Это 3,5 килограмма. Он стоит...!

- Сколько, сколько? Ну нет. Дайте вот этот кусочек филе тунца. А этого монстра продайте в музей. Да где его варить-то? Тазик надо покупать.

Адам прикупил немного вяленого мяса на бульваре, немного овощей и вернулся домой. Была бутылка вина к ужину, немного продуктов, оставшихся с Ниццы.

Ещё один день прошёл.

На следующий день

Надо сказать, что столица Корсики, городок Аяччо, не очень большой. Вдоль моря идёт дорога, по которой носится несметное количество машин. Куда они едут, для Адама загадка. Он в первый день обошёл весь город в поисках супермаркета. Это дорога вдоль моря ровная, а так все горушки и домишки уступами стоят. Есть трамвайчик из трёх вагончиков. Показывают местные достопримечательности.

- Почём трамвайчик?

- €10.

- Да я за €7 все Канны посмотрел. Ладно, поехали. Мне бы только супермаркет найти.

Трамвайчик зазвенел, дёрнулся и объехал бульвар, на котором вовсю шла торговля сырами и вяленой мясной продукцией. Через тридцать метров площадь Наполеона. А кого ещё? Знаменитый уроженец этого рыбацкого посёлка, ставший императором Франции. Ещё через 20 метров Адам увидел вход в большой супермаркет.

- Может, сейчас соскочить? Ладно, вернёмся, сбегаю.

Паровозик подвёз туристов к большой груде ступеней, а наверху статуя, загаженная голубями, Наполеона. Остановка 15 минут.

Негусто отмечен император Франции и уроженец Аяччо. Паровозик едет дальше вдоль побережья. Везде камни здоровенные из воды торчат. Вдруг пляж, метров пять шириной. Прямо напротив кладбища. А там не могилки, а такие домики каменные. Над каждым крестик и вход-выход замазан. Это и правильно. Кто от кого защищается, не ясно. Вокруг понастроено много домов, больших и маленьких. Большая парковка. Трамвайчик припарковался на 10 минут. Адам решил, что они объедут весь остров, но нет. Они развернулись и поехали обратно.

По прибытии на место, с которого начался тур, Адам отправился в сторону супермаркета. Он был очень большой и без толпы людей. То, что Адам там увидел, его потрясло. Он бежал домой и обдумывал, что надо делать.

«Первое, беру €100, а ещё кредитную карту и сразу назад».

Дома он решил немного остыть и даже съесть чего-нибудь. Так советуют опытные люди. На голодный желудок человек может хватать всё что ни попадя.

Вернувшись в супермаркет, Адам взял большую тележку и стал медленно двигаться между закрытыми стеклом холодильниками и открытыми. Сказать честно, он хотел купить очень многое, но надо посчитать, сколько дней ему предстоит здесь питаться.

Провёл он в магазине много времени. Сначала надо было понять, что это. Потом прочитать по-французски, посмотреть ингредиенты. Хорошо, что очки взял. Потом посмотреть цену. Чтоб название совпало с товаром в руках. У французов ценники висят под полочками, в таких пластиковых коробочках. Прямо смотришь, не видно. Надо отогнуть и прочитать. Морока, а ошибиться себе дороже обойдётся. Он выбирал очень аккуратно. Так, для первого знакомства.

Он укладывал покупки в корзину и удивлялся, почему нет людей. Французы берут одну-две штучки и в кассу. Туристов явно нет, хотя город от них ломится.

«Что-то я многовато набрал!»

Фуа-гра де конард, супер (уже готовое), завёрнутое в красное полотно в виде большой конфеты. Фуа-гра де конард (сырое), вино местное красное и бутылку «Порт». Сыр чеддер, пакет «Крэпс Сюзет», скалопс, в России их называют морские гребешки, наверное, потому что эти моллюски из раковины, по форме, напоминающей женский гребень. Три !!! хвоста лангустячих (они же омары или лобстеры), пакет с креветками тигровыми. Немного маринованных осьминогов. Шоколадный мусс (два в упаковке), плитку шоколада «Линдт» (150 граммов, нет слов). Брокколи, лук шалот, лук порей и салат латук. Ну и водички «Эвиан», запить = € 92.

Суперфуа-гра, но конард - утиная значит!

Адам уже немного освоился в общении с французами за время своего гастрономическо-ознакомительного тура. Вкусно есть и много спать – это, конечно, хорошо, но надо же и усилия какие-то прилагать. Каждое утро (кстати, народ здесь спит долго, раньше 10-11 никто не выходит) он вставал, как всегда, в 7:00. Процедуры, зарядка 30 минут и завтрак - всё занимает пару часов. Можно писать часик-другой. Адам поначалу пошёл рано утром на пляж, благо, рядом. Но было холодно и одиноко. С утра 14-16 по Цельсию, это некомфортно.

Пора выяснить, как добираться до железнодорожного вокзала, поскольку его маршрут предписывал переезд на север

Корсики, в город Бастию. Хозяйка квартиры в день, а вернее, в ночь их встречи показала на угол бульвара и главной торговой улицы города.

- Здесь ходит бесплатная маленькая подвозка до вокзала, она такая электрическая. Жди её.

В этот день Адам стоял и терпеливо ждал появления неизвестного транспорта. Едет смешной, вроде тачки для гольфа, не то мопед, не то электрический мотоцикл. Водитель впереди, а сзади две скамеечки на 4 человека и посредине место для багажа. Сидят четверо. Адам замахал руками. Коляска остановились. Адам хотел залезть пятым. Но водитель его остановил.

- Месье, пардон, сорти!

Поначалу, не зная французского, Адам полагал, что народу нужна "техническая" остановка, но позже до него дошло, что так называется выход. Люди вылезли из тачки, а Адам гордо залез.

- На железнодорожный вокзал, плиз!
- Уи, месье!

Они едут по центральной торговой улице города. Всё закрыто, а время к 10 часам. Пора бы им всем открываться, а то потом фиеста, опять закроются. Пока Адам обо всём раздумывал, шофёр рулил и всем встречным махал. Его знала каждая собака.

- Бонжур, Бонжур!
- Вуаля, месье!
- Чего? Приехали?
- Уи!
- Уи. Уи. Я бы сказал, но не поймут басурмане. А где станция?
- Уи, станция! - И он укатил.

Впереди стоит какое-то невзрачное строеньице. Адам зашёл внутрь. Похоже на вокзал, но с трудом. За стеклом юная особа.

- Вы говорите по-английски?
- Йес, сэр!
- О, какое счастье. Мне надо в воскресенье ехать в Бастию.
- Нет проблем. Но два утренних поезда полны. Они везут студентов каждый день. Есть 8:55 и 14:35.

- А мне можно на 8:55?

- Нет проблем. Вот расписание. €21,50.

Они расстались довольные друг другом.

«Да тут всё рядом. Пойду обратно пешком и посмотрю, сколько займёт. Дорога идёт вдоль моря, и я пойду, прогуляюсь по ней не спеша».

Через полчаса он подошёл к знакомой улице. Первым идёт небольшой овощной магазин, дальше кафе, сидят люди, и следующая его любимая булочная-булонжерия. Кто-то тронул Адама за локоть. Он повернулся, какой-то незнакомый прилично одетый, невысокого роста, лет 30 человек. Что-то быстро говорит по-французски. Надо сказать, что Адаму часто на улицах задают разные вопросы. Причём во всех странах мира и на разных языках. Он не совсем понимал, почему обращаются именно к нему. Возможно, вид приличного человека, возможно, возраст, хотя спрашивали всегда. Новому вопрошающему Адам вежливо ответил.

- Извините, я не говорю по-французски. Я знаю английский.

- Я тоже говорю по-английски. Пошли со мной! - И так показывает рукой. Адам опешил. Он не понимал, чего этот человек от него хочет.

- Куда пойдём, зачем?

- Отойдём в сторонку. В полицию пойдём.

- Это ещё с какой стати? - Адам подумал, что, может, у человека беда, а он свидетель. Да ему это на кой ляд?

- Нет! Я никуда пойду, зачем мне это?

Адам видел, что у того аж нос задёргался.

«Аллё, да это же развод, я пойду, а там его дружок, да ещё с ножичком. Во гады, посреди белого дня, народ кругом». Адам возвысил голос, чтобы все окружающие слышали, и громко по-русски заорал:

- Пошёл ты знаешь куда... Я никуда с тобой не пойду! Отвали от меня!

Адам повернулся и стал отходить, посматривая одним глазом назад. Он видел, как к этому человеку подошёл какой-то верзила. Адам зашёл в булонжерию. Здесь выпекались самые вкусные багеты, какие Адаму приходилось пробовать. Он стал следить через окно, что эти типы будут делать. Небольшой размахивал руками, что-то втолковывая здоровяку. Затем они ушли.

«Это же надо! Хозяйка говорила, что есть тут всякие мазурики, но чтоб так нагло. Посреди белого дня и множества народу!»

Впрочем, о Корсиканских бандитах и контрабандистах писали многие. Адаму казалось, что это всё в прошлом. Но традиции, вероятно, остались. Здесь повсюду продают сувениры, корсиканские складные ножи. А он всё думал, зачем?

Приборы столовые тоже в корсиканском стиле, складные.

Адам купил ещё тёплый багет и так же, как все, откусывал по дороге домой.

Вчерашний ужин оставил приятные воспоминания. Фуа-гра из утки, сваренное Адамом по французским рецептам, в горячем виде, его несколько ошарашило. Тот, кому мама варила бульон с мозговой косточкой, вкус горячей фуа-гра очень знаком. Берёшь такую косточку из бульона, а внутри вкусный костный мозг. Долго стучишь по ложке, и, наконец, вуаля, на ложке кусочек мозга, посолить и в рот. Нежный, вкусный. Так вот эта фуа, тем более гра, по вкусу мозг из косточки, как в его детстве. Для сравнения он отрезал кусочек от готового фуа-гра. У него совсем другая, плотная текстура, мажущаяся, но не желеобразная. Что-то сделано не так. Рекомендуется варить в вине порт. Да, да и не очень долго. Варить в полотняном мешочке.

«А вот этого, извините, нет. Нет у меня мешочка».

Ладно, убрал фуа-гра собственного производства в холодильник. Есть креветки, есть маринованный осьминог. Есть салат латук, лук порей, перец красный, сыр рокфор, помидоры, семечки тыквенные, бальзамический уксус, оливковое масло, лимон. А на горячее целый хвост лангустина. Вино красное, хотя надо бы белое. Багет французский.

Десерт он уже не смог одолеть.

После обеда прогулка к морю. Он прошёл мимо дома, где родился Наполеон. Дом - 4-этажное старое здание. Понятно, что родился будущий император Франции в очень бедной семье. Смотреть не на что.

Дом примыкает к старой церкви. Адам зашёл. Разруха и запустение.

«Я понимаю, что родился он в бедной семье. Ещё четыре брата. Это аж в 17 лохматом году. Тогда все вокруг были бедными и ловили рыбу в море. Вот откуда и комплекс Наполеона. А ещё росточком не вышел. Что-то сограждане не очень заботятся о памятных местах бывшего императора. А нам-то и подавно всё равно».

За обедом Адам раздумывал, с чего это разбойники выбрали его как объект наезда? Значит, так: на руках часы, не «Ролекс», но неплохие - €50. На брючном ремне футляр с телефоном, может, iPhone или Samsung - €50. В руках палка для фотографирования. Кстати, это для французов что-то новое, хотя палку для Селфи японцы изобрели 10 лет назад. Негусто, но для грабителей и это сойдёт. А если ещё в кармане есть деньги, то это подарок. В кармане виден кошелёк, наверное, не пустой. Было €100. Очки фирменные. Купил перед отъездом за €80. Думаю, они меня оценили правильно. Глаз намётанный.

Собираясь гулять, Адам оставил дома кошелёк, телефон вместе с футляром, палку от телефона и очки. Шорты, майка и он. В кармане бумажка в €5. Подошёл к любимой булочной, вышел с багетом и осмотрел окрестности. Супостатов не видать. За одним из столиков пьёт пиво, по виду, гопник. Вроде его вчера видел здесь. Их взгляды встретились.

«Вижу, заёрзал. Узнал гад!

Вот он я. А у меня ни шиша нет. - Адам гордо повернулся и пошёл с багетом. - А может, это всё я себе сам придумал. Может, вообще ничего не было. А кто меня звал пройти? В полицию! Нет, было!»

Аяччо. Пятница

Пятница, утро. Окно квартиры, в которой жил Адам, выходит в проходной дворик. Он тянется от бульвара, где до 2 часов шумит базар. Народ пробует разные сыры и вяленые изделия. Он тоже ходит туда, пробует разные вяленые мясные продукты и домашние твёрдые сыры. Но покупает всё в своём отныне любимом магазине. Там тоже всё есть и без толкотни. Да и цены полиберальнее. Его не проведёшь, он стал очень опытным. В окно видна только часть двора. Второй стороной двор выходит на соседнюю улочку, а дальше снова двор, и выходишь на марину, где стоят десятки, если не сотни разных судов. В основном это рыбачьи баркасы, но есть и яхты, и просто прогулочные катера. Предлагают провести 3 часа в море, с обедом. Цены от €25 до €75.

Есть и поздние катания, для романтиков. Адам ходит через все эти дворы, и не по одному разу в день. Утром выносит мусор. Баки на набережной. В Аяччо, по крайней мере там, где он живёт, все дворики превращены в рестораны. В его дворе он насчитал целых пять. Они стоят стол к столу, и не понятно, у кого ты сидишь. В первую ночь, когда он пробирался с чемоданом по мощёному двору, его новая хозяйка сказала: «В этот ресторан надо заказывать заранее столик». Но особого желания не было.

Днём там, конечно, всё страхолюдно. Обшарпанные стены, где-то висит, сушится бельё, ну а ночью другое дело. В том ресторане, о котором шла речь, бывали, судя по фотографиям, президент Франции Саркози, Элтон Джон, певец Тино Росси и др. Вечером зажигались свечи, развешивался белый экран и пелись оперные арии. Кухонь было много, и все располагались в помещениях ниже уровня тротуара. Кухни оборудованные, но, если б здесь появилась российская СЭС, этому бизнесу был бы капец. Адам вообще поражался, как везде они работают. Столики стоят на променаде, где видна вся марина, а кухонька через два дома, на другой улице. Один официант обслуживает столики, а другой бегает с тарелками по улице, увиливая от машин. Каждая дверь или окно в районе порта является кухней, а столики стоят где только можно. На тротуаре, на проезжей части, во дворах - так это нормально. Город живёт за счёт туристов, и зимой здесь глухо, как на пустынном острове. Цены в ресторанах неслабые. Паста с разными морскими ракушками €17-20. А уж лангустин - €50-65. На набережной за лангустин на гриле просят от €10 за 100 граммов. В общем, недёшево. Адам их понимал, но помогать не хотел. Когда он купил 3 хвоста лангустинных за €25, он сам мог бы продавать, и дешевле. Пасту и пиццу он решил есть в Италии. Это будет его последняя остановка в этом путешествии.

В пятницу ему стало понятно, что он просчитался. Ему на субботу не хватит основного блюда.

Аяччо. Суббота

Сегодня Адам проводит последний день в Аяччо. Немного жаль расставаться, и особенно с тем магазином, что он открыл для себя, и с булонжерией, которая печёт такие славные хрустящие багеты. Такие вещи не забываются. Вчера было хмуро и никто не купался, так что Адам зря продефилировал до пляжа в плавках и майке. Он по этому поводу погулял по набережной часик. Не бежать же домой переодеваться. К 12 часам он сдался, заменил плавки на шорты и отправился за паэльей и за багетом. Пока он разгуливал в плавках, к нему обратился полный мужчина:

- Месье! Бла, бла...
- Началось... Экскьюз муа. Но френч. Спик инглиш?
- О! Месье, спик инглиш! Что это за здание?
- Это отель.

Такой ответ его явно расстроил. Он перевёл жене: «Месье сказал, что это отель».

- А что вы ищете? Дом Наполеона Бонапарта?
- О! Наполеон! Уи!
- Идите вон туда! Там увидите!

Полный и его тощая жена, были в явном восторге.

- Мерси, месье! Мерси боку!

Они поскакали в указанном направлении. Как немного людям надо.

У Адама оставалось немного риса от пятничной паэльи, целый хвост лангустина и нужно было прикупить бутылку воды в дорогу и пару багетов. Он проведал рыбный рынок в муниципалитете. Возможно, в честь субботы или просто сегодня ловилось такое, весь рынок, помимо обычной рыбьей мелочи, торговал крабами на длиннющих многочисленных ногах. Какие-то они были некрасивые. Не зря их называют членистоногими. У этих ножки были тонкие, со множеством коленок. Как он думал, есть там особо было нечего. Один из продавцов демонстрировал огромного омара. Это чудовище было, наверное, с полметра в длину, клешни размером с руку, а хвост просто гигантский. Адам ничего подобного раньше не видел.

«С таким не только готовить ужин, но и оставаться на кухне один на один страшновато. А в чём его готовить? Нужна глубокая кастрюля, в метр диаметром. Про стоимость уже говорить не приходится, а сколько народу голодного надо, чтоб его съесть? Это вообще уникальный экземпляр!»

Адам где-то видел круглый щит, и на нём вот такой красный монстр распятый. Тогда он думал, что это искусственное художественное произведение, а это, оказывается, можно встретить в море. Да такой запросто перекусит клешнёй руку. Ему место в музее. Зайдя попрощаться в свой любимый магазин, он, не глядя ни на какие витрины, просто взял бутылку воды «Сан Пеллегрино» и пошёл к кассе. Какая-то дама подкатила к кассе несколько телег с товаром, а такие бедолаги, как он, выстроились за ней и тихо загудели. Прибежала ещё одна девочка и открыла ещё одну кассу. Пока все щёлкали языком, к ней метнулась длинноногая тощая дама и тоже с кучей покупок. Этого мало, к ней пристегнулась подружка, и они вдвоём принялись нагружать прилавок перед кассой. Боже, что могут купить две малахольные девицы? Всякие салаты в упаковках, кучу готовых блюд в упаковках, косметики всякой ворох, женские причиндалы и ещё чёрт знает, что. Адама чудесная минеральная вода стоила 0,79 цента. Но надо ждать. Одна девица принялась паковать бесчисленные покупки, а вторая выписывать чек. Это всё надо было видеть. Народ вздыхал и переминался с ноги на ногу. Добыв с таким трудом воду, Адам купил два багета и от каждого отъел горбушку. Пора готовить прощальный ужин.

Покидая Аяччо!

Подошёл день отъезда. По договору с хозяйкой Адам должен оставить ключ в её почтовом ящике. Чемодан сложен. И не просто чемодан. Этот монстр стал для него кошмаром. Дурная привычка брать всё в двух экземплярах, просто так, на всякий случай. А вдруг порвётся или сломается. Вроде логика есть, но не может же всё испортиться одновременно. Самое плохое случается. Можно, конечно, просто купить замену, а не таскать 20 кг с собой. Пока он как поехал в шортах, так в них и ходил. Кроксы носил он один на всю Францию, и чего? Кому от этого плохо? Т-шорты и, пардон, трусы постирал. Всё, что в чемодане, часто хочется тихонько выбросить. Дома тоже лежит всего полно, без всякой пользы. Но хоть не надо таскать с собой. Он из-за этого барахла побоялся взять с собой лишнюю бутылку вина.

«А утюг взял зачем? Но он такой маленький, складной. Тебя, что, приглашали на светский раут? Нет. Пляж и магазин. А дома в спортивных трусах. Жарко ведь. Всё, это в последний раз».

Пора выходить из дома. На спине рюкзак с первоочередными необходимыми вещами, одной рукой надо держаться за перила, в другой он, этот чёртов чемодан.

«Кто для кого? Он для меня или я для него?»

Вопрос непростой. Чемодан тащит Адама по лестнице вниз. Сопротивляясь, как только можно, Адам — это сражение выиграл. Человек всегда тупое изделие одолеет. Правда, сомнения были. Наконец они внизу, во дворе. Ночью прошёл дождь, луж нет, но мокровато.

«А если бы дождь пошёл сейчас? Зонтик раз, обувь другую

два, ветровку три, а может, ещё шорты поменять на брюки. Нет, что ни говори, но осторожность не помешает».

В насмешку ему дождя нет. Надо идти на бульвар и угол торговой улицы. Там, как ему говорили, и он это проверял, должен курсировать электромотороллер и подвозить пассажиров к железнодорожному вокзалу.

Поезд в Бастию, северный порт Корсики, в воскресенье ходит дважды. В 8:55 и 14:35. Опоздать - караул! Ключа от квартиры нет. Где спать, неизвестно, и в Бастии ждёт забронированный отель.

Адам ждал подвозку. Прошло 10 минут, подвозки нет.

Он повёз чемодан и пошёл сам. На бульваре появляются торговцы и раскладывают свой товар. Едет, едет навстречу подвозка и двоих пассажиров везёт. Адам замахал руками и мотал головой. Подвозка остановилась. Те двое, вновь прибывшие, вышли.

- Месье! Плиз! На вокзал, мил человек!

- Ля-ля-ля.

- Пардон! Инглиш плиз!

- Ты откуда?

«И что ему отвечать? Скажу из Израиля, а если антисемит? Скажу из России, а если он русофоб? Скажу из Америки, а французы американцев не любят. Что это за вопрос такой? А он всё не едет. Хочет записать ответ. Была не была».

- Из Америки.

- Какой город?

- Нью-Йорк.

- А как относишься к Обаме?

«Вот тип!»

Очень осторожно:

- Не знаю. Я его не выбирал. А чего мы никуда не едем?

Тут водитель принялся рассказывать, какой Обама плохой.

- Все европейские лидеры гады. Вот Путин молодец. Он должен объединиться с американцами и остановить это нашествие на Европу из Востока.

Адам согласен, но просит его понять. Скоро поезд. Он боялся рассердить водителя.

Идейные, они все с большими тараканами. Хорошо, если высадит, а если завезёт куда. Ехать недалеко, но зато Адам теперь всё про всех знает. Они распрощались.

Аяччо - Бастия

Около здания вокзала стояла небольшая толпа туристов с большими рюкзаками. Вот как надо путешествовать, понял Адам. Большой, очень большой рюкзак, ботинки для плохой погоды привязаны шнурками к рюкзаку. Один из туристов принялся перебирать свой бездонный рюкзак. Он вынимал всё подряд. Кеды, свёрнутые в рулон шорты, майки и прочую одежду. Всё сворачивалось в рулоны и засовывалось в этот большой мешок. Он переодел одну майку на другую такую же и вновь набил рюкзак. Все туристы побросали на землю свои рюкзаки, сами повалились рядом и принялись жевать какие-то булочки и заговорили громко на неизвестном Адаму языке. Он пробился к закрытым вокзальным дверям, пристроил свой чемодан, и было понятно, что никто не пройдёт.

В 8:25 неизвестный дядька открыл дверь вокзала, и Адам первый въехал с чемоданом и встал к кассе. Дядька вопрошающе чего-то спросил.

- Бастия! - твёрдо сказал Адам.

Дядька вопросительно показал один палец. Адам утвердительно тоже показал один палец.

Дядька написал на бумажке «€21,50». Адам заплатил.

На платформе стоял поезд, состоящий из двух вагонов. Ничего нигде не написано, и всё закрыто. Вскоре появился молодой парень, открыл двери, и народ дружно потянулся к поезду. Адам взгромоздил свой чемодан и попытался пристроить его на узкую багажную полку. После длительной борьбы народ терпеливо ждал, ему удалось почти запихать его, и он, взопревший и усталый с самого утра, сел в удобное кресло.

Вагон был комфортабельный и современный. Туалет внизу в тамбуре, а пассажиры все сидят наверху и ждут движения. Народу набралось на целый поезд. Он дрогнул и поехал, разгоняясь всё быстрее.

Это была одноколейка. Поезд постукивал на стыках и раскачивался из стороны в сторону. Стало немного страшновато и очень неудобно спокойно сидеть на месте. Но поезд скоро остановился. На табло побежала световая строка, объявляющая остановку и показывающая, сколько и какие остановки ещё ждут. Их было много. За четыре часа пути пассажиры сменились не раз.

Вдруг появился парень с компостером в руке и квитанциями в другой. Оказалось, что многие предпочитают платить в поезде. Контролёр совал деньги в карманы, бегал куда-то за разменом, и всё шло своим чередом. Поскольку из-за тряски писать было сложно, Адам смотрел в окно. Этот остров, Корсика, состоял из одних гор. Поезд нырял в туннели, пересекался с какой-то каменной речушкой с небольшим количеством воды. Иногда появлялось за окном узкое шоссе, тоже игравшее в догонялки. Всё это появлялось и исчезало в разные стороны. И можно было делать ставки. Посреди маршрута, на одной из станций, из поезда вылезла небольшая армия с большими рюкзаками. На вокзале стоял большой щит, предлагавший лазание по горам, спуск на каноэ и тому подобные развлечения. Народ с рюкзаками бодро отправлял свой такелаж и готовился к штурму дикой природы. А поезд всё стоял. Оказалось, что навстречу ехал родной брат этого поезда. Все двери раскрылись. Железнодорожники бодро покричали и поменялись местами. Новый контролёр на бис сделал ещё одну дырку в билете Адама. Народ постепенно выходил. И когда наконец поезд подъезжал к Бастии, пошёл проливной дождь.

«И чего теперь делать? Открывать чемодан и менять всю экипировку?»

Они уже подъезжали, и Адам махнул рукой.

«Ну вымокну. Ничего, не растаю».

Дождь, поняв, что с Адамом ему не справиться, перестал.

Бонжур, Бастия

Выйдя благополучно с поезда, Адам вцепился в чемодан, и они поволоклись в сторону моря, поскольку «Гугл» обещал лёгкую прогулку.

«Этому «Гуглу» мои бы проблемы».

Через какое-то время Адам увидел порт и стоящие на нём большие паромы.

Он зашёл в ближайший магазин и просто попросил показать, где здесь отель «Наполеон Бонапарт». Хозяйка, выйдя на улицу, показала рукой направление. Воспрянувший духом, он потащил чемодан в указанном направлении. На первом же углу висела красивая реклама с надписью: «Бонапарт».

«А ты, дурачок, боялся! – адресовался к себе Адам. - Видишь, как всё просто».

Он двигался всё дальше в поисках шикарного входа отеля 3 звезды. А его всё нет. Адам потащился назад к рекламе. Реклама есть. Стрелки на ней нет. Значит, надо искать где-то неподалёку. Пошёл направо.

«Да вот оно. Ладно, вхожу».

Стоит стол. И всё. Зачем стоит? Но со столом особо не потолкуешь. Наверх идёт крутая лестница, ступеней не пересчитать. А Адам, между прочим, не один.

«Ты, чемодан, стой тут. Тебя всё равно вряд ли кто сопрёт».

Поднялся по крутой лестнице. С улицы, вся в пакетах, вбегает тётка.

- Бонжур, месье. Экскьюз муа...
- Спокойно. Мы говорим по-английски?
- О, ля-ля! Немного.

Адам знал такие ответы. Сталкивался не раз. Слов 5-6, а дальше ни гу-гу.

- У меня есть резервация на сегодня.

Эта резвая мадам хватает его чемодан и хочет тащить наверх. Тут она немного погорячилась. Адам тоже хватает чемодан, за другую ручку. Они взлетели на первый этаж, как птицы. Французы и, как оказалось, итальянцы называют первым этажом второй. Адам потом привык. Наверху оказался ещё один лестничный пролёт, но поменьше. Учащённо дыша, они все вместе оказались в отеле 3 звезды.

- А что с лифтом? На ремонте?

Она юмора не оценила. Села за конторку и стала искать его имя в компьютере.

- Вас там нет, сори.

- Так, началось! Вот у меня распечатано, на бумажке.

- О, месье! Это другой отель. Мы «Бонапарт». Другой отель «Наполеон». Я покажу, здесь недалеко.

- Как, всё сначала? Вы что, поделили императора на две части? Какой кретин это придумал?

- Ничего, месье. Здесь недалеко.

Мадам, а за нею и Адам схватили чемодан и потащили вниз. На улице она показывает рукой прямо через две улицы.

- Пардон, месье!

Адам тащил чемодан, вспоминая французскую мать с императором заодно.

А вот и он, просто отель «Наполеон»!

Зашёл. Никого. Никакого стола, просто длиннющая лестница наверх. При входе надпись «2 звезды», мест свободных нет.

«Понятно. Я попал!»

Громыхая чемоданом, Адам взбирался наверх. Естественно, там ещё лестница поменьше. Наверху, на первом этаже, вход в отель и портрет императора на стене. Выбегает коренастый мужичок, его грохот побеспокоил, и со словами по-русски: «Подожди, подожди» хватает чемодан. Наверху, за конторкой, боевитая мадам.

- Бонжур, месье.

- Бонжур, мадам. Имею резервацию. Вот бумажка.

- Уи, месье!

Адам в Бастии! Свершилось!

Бастия. День первый

Планируя это путешествие, Адам кое-что упустил. Задача была не только уехать, чтоб не создавать себе и другим проблемы, но и вернуться так, чтоб не была глубокая ночь, суббота или религиозные праздники. С самолётами и паромами тоже надо было считаться. Единственное, что он не учёл, что по воскресеньям французы не работают и всё закрыто.

«Ну ничего. Спать есть где, пойду гулять. Завтра поменяю доллары на евро, и начнём гулять с новой мощью».

Он пообщался с хозяйкой отеля.

- А где тут у вас пункт обмена валюты?

- А какая у вас валюта и на что вы хотите поменять?

- Да у меня доллары, а хочу поменять на евро!

- У нас таких пунктов нет.

- Это как понимать? А банки есть?

- Банки есть, но они все закрыты.

Ладно, будет день - будет пища. Вечером Адам погулял по бульвару Св. Николая, большому бульвару, идущему вдоль побережья. По одной стороне всё заставлено столиками, и народ оттягивается кукольными чашечками кофе и стаканчиками с водой. Вся остальная часть бульвара отдана детям. Проводятся различные спортивные и танцевальные соревнования. Родители, тоже в спортивной форме, не отстают. А детишки, от самых малолетних до старшеклассников, поют, танцуют, восточными единоборствами занимаются.

Ну красота. Детишки, одетые в испанские костюмы, разучивают самбу, а может, румбу. Все смеются и все счастливые. Адам за них порадовался.

«Пойду, посмотрю французский телевизор».

Наутро он пошёл в первый же попавшийся банк. Нигде не написано, что это банк, а так, социал чего-то. При входе сидит девчушка.

- Бонжур. Ду ю спик инглиш?

В ответ мотает руками:

- Литл.

- Мне нужен банк.

- Месье! Мы не банк.

- Сори, нигде не написано. Мне надо поменять доллары на евро.

- О! У нас нельзя.

- А где можно?

- Я не знаю, может, банк «Дженерал».

- А где он?

- Момент, месье! - Она убежала и толкует с начальством.

- Месье, сказали, только интернет.

- Ну вы даёте, буржуины. Нет тупого обменника. А банкомат есть?

- Уи, месье. На улице.

Адам вставил карту, код, и вуаля, вот и еврики.

«А если б приехал только с долларами? Ну и дурак. Всё! Интернет. И никаких обменников не надо. Но вообще предупреждать надо».

- Ладно, где тут у вас магазин?

- Вам большой или маленький подойдёт?

- Нет, самый большой.

- Это далеко. Минут 15 пешком.

- Всего? Я пошёл.

Дорога пролегала вдоль побережья, мимо здания порта. Можно зайти и заодно узнать, где и как оформляться и что надо.

- Месье! Паспорт, багаж для проверки и билет. За час до отхода. С машиной за 2 часа.

- Спасибо! Просто и понятно. До скорого.

Адам шёл дальше в поисках магазина. На другой стороне дороги надпись «Центр Джаинт» и маленькими буквами «маркет».

Надо проверить. Зашёл.

Мама дорогая. Это что такое? Это действительно «Джаинт», что значит «гигант».

20 кассовых островов и 2, а может, 3 футбольных поля занимает гигант-магазин. Называется «Казино»!

Приехали, вы нас не ждали? Да, я сюда попал надолго.

Бастия. «Казино»

Пожив в Ницце и Аяччо на частной квартире, Адам решил остаток отпуска провести в праздности и жить в Бастии и Генуе в гостиницах. Это он дал маху. Но понял это только теперь. Бродя по гигантскому «Казино», осторожно выбирал продукты, которые были готовы к употреблению. В Нью-Йорке Адам зарабатывал на жизнь тем, что снабжал готовой продукцией самые престижные магазины города. Они были огромные. Продавали продукцию со всего света и самую лучшую, но «Казино» побил их всех. И по площадям, и по ассортименту, да и по ценам. Полки с консервами. Лучшие в мире сардины, тунец альбакорн (белое мясо тунца кусочками), мидии и прочие моллюски, а вот и чатка! Кто помнит дальневосточные консервы из крабов? Они были двух видов. Лапша, то есть мелко нарубленные и цельные кусочки мяса крабов. Здесь большие банки по €15. Когда-то в питерских магазинах все полки были набиты банками с крабами, а за прилавком продавали чёрную и красную икру на развес. Потом это всё исчезло.

Адам набрал всего понемногу. За два дня надо всё съесть и выпить. Ну ещё приготовить сэндвич в дорогу. Паром идёт от Бастии до Генуи 10 часов. Адам если куда-то летел или ехал, то в этот день обычно соблюдал пост. Не из религиозных соображений, а чисто бытовых. Когда много народа заперто в замкнутом пространстве, всегда стоит очередь в общественные места.

Он стоял в кассу. В тележке большая бутылка воды, алкоголь, еда. Во Франции и в Италии тоже пакеты не предлагают. Это стоит денег и поэтому неприлично. Попросил два пакета. Дают бумажные, но с ручками. Адам бережно нёс приобретённое в своё временное жилище. В гостинице на него посмотрели без любви. Постояльцам предлагался континентальный завтрак по утрам за €6,50. Адам представлял этот континентальный завтрак. Сок из пакетов, кофе и булочку. Так оно и оказалось.

«Нет уж, спасибо. Я сам добуду пропитание».

Под звуки французского телевидения обед удался. Можно пойти прогуляться. Город небольшой. Порт, крепость, марина для частных плав средств. Несколько больших улиц в старом городе. Всё остальное высоко на горах, и делать там нечего. Он ходил, смотрел на закрытые магазинчики и несметное количество кафешек. Город для туристов. Везде мороженое предлагают. Но он решил пробовать мороженое в Италии, тем более он туда едет. Есть мнение, что итальянцы изобрели мороженое, и самое вкусное в мире.

В кафе предлагают кофе в кукольной чашечке. Это даже не смешно. Если идти налево, вдоль моря и мимо порта, попадёшь в магазин «Казино». Направо марина, а за ней старый город с улочками, а затем крепость. Её называют Цитадель. Адам прошёл мимо марины, сотни судёнышек разного пошиба. Дорога наверх в Цитадель. Бастия снаружи, европейский ухоженный городок, а внутри дома явно остались, как были после бомбёжки во Второй Мировой войне. Выбиты окна, полуразрушенные стены. Есть явно заброшенные, а где-то народ бомжует. По ночам лучше держаться подальше. Крепость большая. Внутри много 4-5-этажных домишек, 2 церквушки и узенькие кривые улочки. Всё страшенное. Есть кафешки. Но народ вокруг крепости на вид похож на разбойников и бомжей.

Но посмотреть-то надо было. Он решил быстро идти обратно.

Бастия. «Казино»
на следующий день

Что можно делать на следующий день, было понятно. «Казино» - это большая сеть магазинов во Франции. И не только магазинов. Под этим именем выпускается множество разнообразной упакованной продукции.

Наутро, прихватив большую телегу, Адам решительно шагал по магазину. Он действительно занимает площадь, сравнимую с двумя или тремя футбольными полями. Здесь не только времени может не хватить, но и денег. Но время есть. Справа громадная территория, в несколько аллей, где предлагается всё для дома. Это Адаму ни к чему. Довезти бы то, что уже есть. Справа длиной со взлётную полосу аэродрома стенка с полками. На них рядами стоят вина. На полу коробки с вином. Берёшь коробку - имеешь скидку. Французы любят экономить. Адам не француз. Приехал ненадолго, и ему нужно бутылку вина, знакомую и по цене не оскорбительную.

Мама, «Бургунди» красное 2013 года за €3,50. Надо брать. Он шёл дальше, и в конце этой стенки оказались крепкие напитки. Смотреть больно. Цены ниже «Дюти фри»! Вот и верь после этого людям! Адам наткнулся на отдел хлебов и всяческих видов бутилированной воды.

Французы едят хлеб больше, чем русские. Тащат всё подряд. Булки, круассаны, пироги, пирожки и всякую выпечку. Адам развернулся на 180 градусов, решив ходить по магазину челноком, чтоб не пропустить чего, а там вторая стена, и тоже винная. Правда, есть и другой алкоголь, на нашу погибель. Есть раздел испанского алкоголя. Адам, как только увидел «Малагу», понял: «Беру!» Потом он увидел и третью стену с алкоголем, но уже как-то надоело. Пора подойти к рыбному отделу.

Его может понять только тот, кто беззаветно любит искусство. Привозят такого человека в Лувр и говорят: «Иди смотри, а если что понравится, можешь прикупить. Цена доступная». Вот так Адам смотрел на это рыбное изобилие, и в голове разные мысли дурные крутились.

«Может, переехать сюда, ну, скажем, на год. Купить разные причиндалы на кухню и приходить сюда. Купил, приготовил, съел. А завтра что-то другое купил и т. д.»

День только начинался, и народ в белом всё таскал и таскал рыбо- и морепродукты. Красиво так укладывают на лёд. Лангустины, креветки, кальмары. Чищенные, неочищенные. Маленькие, большие, средние. Осьминоги. Здесь это называют польпо. Огромные куски с присосками. Смотреть боязно.

Устрицы, всевозможные ракушки, крабы и прочая морская живность. Адам всё фотографировал, и никто не ругается, а даже в кадр стремятся попасть. Эта продукция вся сырая. Потом пошло всё в готовом виде. Готовое к употреблению. Здесь главное рассчитать свои силы. Сколько можно съесть за один день - помножить на количество дней. Прямо скажем, немного. Через два дня паром повезёт его в Геную, Италия. Сыры не смотреть. Копчёности и вяленую продукцию не смотреть.

Адам наткнулся на большой холодильный остров. Пестрит в глазах. Внутри острова четверо японской внешности. Два мальчика и две девочки. В национальных одеждах, производят суши, сашими и прочую вкусную и полезную национальную пищу. Коробочки чёрные с прозрачными крышками, весь остров уставлен сверху донизу. Перебинтован белой лентой, с ценами и надписями, что и чего. Красиво, но не сегодня. Следующий остров оказался кухней, где повариха что-то готовила в двух огромных котлах. В одном паэлья с морепродуктами, а второй эдакий суп из них же.

- Только не буйабес! - сказал Адам.

- А вот попробуй. - Повариха протягивает ему половинку ракушки с супом. Буйабес что-то вроде русской рыбной солянки, но из морепродуктов.

- Нет, лучше я пойду и куплю чего-нибудь поесть. Потом досмотрю остальное.

Бастия, Оревуар!

Прошло два дня. Наутро, в 10:55 звенит телефон.

- У вас осталось пять минут времени, чтоб освободить номер.

Хорошо, что Адам поутру спохватился. Почему-то он решил, что у него ещё есть один день. Стал утром перебирать документы.

«Батюшки, паром сегодня. А я уже спозаранку съел четверть оставшейся курицы-гриль. Ладно, надо собираться. Билет на паром и паспорт. Вещи в чемодан. Компьютер в рюкзак. Вроде всё».

Вышел из номера ровно в одиннадцать утра. Паром в 22:00.

- Вещи можно здесь оставить? Спасибо, я приду в 7-8 вечера за вещами.

Надо идти гулять.

А куда? Времени, как всегда, больше, чем денег. Можно прогуляться до «Казино». Идея неплохая. Там есть кафе, туалет и можно на бис посмотреть магазин.

Неспешно прогулялся мимо порта, вот и магазин. Внутри небольшое кафе.

- Бонжур, капучино, плиз!

В голове намешано столько языков, кошмар. Английский, русский, испанский, итальянский, теперь ещё французский, а в голове откуда-то ещё иврит лезет. Вот когда надо, его нет.

Но его понимают.

- Силь ву пле!

Главное, чтоб его понимали. Приносят на стол чашечку, сахарку и чек. Всех делов на €1,20. Он сидел, пил кофе и тянул время.

Кофе надо пить в Америке. Можно в Израиле, на заправке. Чашку маленькую, среднюю или большую? А не это, пардон. Оставлю монету €2. Знай наших. Всё равно других монет нет.

«Казино», как всегда, утешает. Вот только купить ничего нельзя. Что с этим делать? В руках носить?

Он ушёл с сожалением. Теперь можно прогуляться в другой конец города. Виндо шопинг - так американцы называют рассматривание витрин. На обратном пути Адам прошёл мимо порта, затем бульвара, где стояли многочисленные столики и дальше набор всяких узких улочек. Каждое окно и дверь в магазинчик. В одном многочисленные складные корсиканские ножи. Их продают везде, но здесь они были с именами. Он нашёл своё имя, на английском.

«Вот бы этот ножичек, когда меня бандюганы хотел заманить. Хорошо, что ножа не было. Представляю картинку. Турист из Израиля зарезал честного корсиканца ножом. Суд приговорил его к пожизненному заключению».

Потом, когда Адам уже вышел из магазина с ножиком, он понял свою ошибку. С ножиком могут никуда не пустить. А впереди ещё проверка на паром и затем ещё и самолёт. Надо открывать многострадальный чемодан и убирать нож с глаз долой. Главное не забыть.

Время, как всегда, есть, что делать, темно и неясно. В начале бульвара стоит зелёненький симпатичный домик. Оказывается, инфо для туристов. А их не счесть. Молодые, старые и всякие другие. За стойкой юная особа.

- Чего у вас, ребята, можно посмотреть?

Разворачивает большую карту.

- Вот мы здесь, а тут Цитадель, а там старый город.
- Был я там. Разруха и запустение. Что ещё?
- На трамвайчике покатайтесь. Один час за €7.

Цена сходная. Трамвайчик ходит по расписанию. В 2 часа, 3, 4 и 5. И на сегодня всё. Вся развлекуха.

Пойти, выпить чашечку кофе, запить водицей. До трамвайчика часа полтора. Адам сидел на скамеечке и смотрел на море и паромы. Трамвайчик тут же стоит, но у водителя сиеста. Все страны Средиземноморья с 12 до 16 впадают в летаргический сон. Всё закрыто. Это надо понимать. Это Адам понимал, сидел, не спал. Без пятнадцати два появился машинист. Откуда ни возьмись набежал народ и давай расхватывать места. Вот гады. Адам тут, можно сказать, сторожил с рассвета, а эти на тебе.

Ухватил он тоже место, сидит, ждёт. Машинист проходит вдоль состава и собирает денежку. Прибегает тётя в очках и вся такая шебутная. Ля-ля, ля-ля-ля - и всё по-французски. Адаму эта дамочка ни к чему. А надо было напрячь головку. Оказалось, что это экскурсовод. Но только переводит с французского на французский. Паровозик задёргался, а с ним и все три вагончика. Тётка затрындела, но Адаму всё равно. Он сидит и едет.

Трамвайчик, пыхтя, из последних силёнок полз в горку и подъехал к Цитадели.

«Вот те раз, а я сюда пёхом пёр».

Вылезли все из трамвайчика и пошли гулять по этой крепости. Зашли в две убогие церквушки. Пыль и запустение. Потолки, как в Сикстинской капелле. Высокие и расписанные. Но с тех самых пор никто за ними не ухаживал. А как туда залезешь? По канату? Но его тоже надо к чему-нибудь привязать. Когда расписывали, построили леса. А что сегодня делать? Но это не его проблема. Он всё это уже утром осмотрел. Туристы идут дальше. Экскурсовод всё ходит, и всё чего-то ля-ля, ля-ля.

Наконец, пошли к трамвайчику. Все сели и весело поехали туда, откуда начали это памятное путешествие.

«За что, братцы, деньги плачены. Тьфу на вас. Всё, развлекухи кончились, а до парома, как до Луны. Надо идти забирать вещички и неспешно идти в порт. Там есть скамейки, можно сесть и писать. Для этого не надо ни вая, ни фая». В отеле «Наполеон» одиноко стоит его чемодан и рюкзак.

«Пока, адьёс, Оревуар! Прощевайте! Я не буду скучать».

Адам потащил чемодан вниз. Всё-таки это не наверх. Потом ещё долго по улице, потом через дорогу и вдоль по набережной, до входа в порт. Главное теперь ничего не покупать. Впереди подъём на борт парома и 10 часов в море до Генуи, Италия!

Паром «Бастия – Генуя»

Это было громадное судно. Здесь почему-то грузили одновременно людей и автомобили. Авто занимали три (!) гаражные палубы. Грузили всё. Большие экскурсионные автобусы, траки 18-колёсные, всякий грузовой транспорт и мелочь. Просто автомобили и, конечно, разнообразные мотоциклы. Людей, вьючных и безлошадных, гнали на корабль, пересекая транспортные потоки. Адам случайно забрёл в гараж, но он не транспорт и никому не интересен.

Куда идти-то? Тишина! Глас вопиющего в пустыне.

Он брёл по огромному гаражу, стараясь не попасть под машину.

В конце пути нашёлся моряк.

- Иди дальше. Между двумя жёлтыми дверями направо.

Где-то Адам уже это слышал. Нашёл две окрашенные жёлтым с красными полосами колонны. Между ними открытая дверь. Адам шагнул в неё, а там такой же гараж. Народ из машин вылезает налегке и куда-то бежит по лестницам вверх. Но Адам совсем не налегке.

«Мне куда?»

Вернулся в первый гараж. Ура! Есть дверь лифта. Только не справа, а слева. Это у ребят общая проблема. Приходит лифт, подбегает здоровый мужик.

- Можно с вами?
- Куда поедем? Тут кнопок много. Нажмём 6, так, на удачу.

Вышли, стоит густая толпа, изображая живую очередь.

Адам и мужик-здоровяк встали за ними. Двигается очередь. Не бурно, но что-то происходит. Адам подошёл к стойке, показал билет.

- Вы на каком языке говорите? Французский, испанский, итальянский, немецкий?
- А можно по-английски?
- Да, спускайтесь на четвёртую палубу и направо в конец. У вас наклоняющееся кресло.

Следуя указаниям, Адам с чемоданом двигался по длиннющему кораблю до конца и повернул налево. Учёный уже. В самом конце комната с рядом кресел человек на 50. На стенах номера, как в театре, но кто их читает? Народу пока мало. Адам занял кресло, поставил чемодан, сидит. Комната наполняется какими-то странными личностями. Они с одеялами, занавесями, спальными мешками и другими приспособлениями. Народ укладывается на пол между рядами кресел и долго возится. Около Адама останавливается молодая пара.

- Это наши места, вот у нас написано.
- Да занимайте любое место. Вон люди, кто на полу, кто на нескольких креслах. Они вообще не отсюда.
- Ладно, мы перед вами сядем.

Паром поплыл. Дело ночное. Становится холодно и менее шумно. Иногда в поисках свободного места на полу приходят ночные шатуны и возятся, как мыши, по всем углам. Тяжёлую входную морскую дверь закрыли. А холод аж до костей пробирает.

«Чего-я-то терплю и мучаюсь? Одежды полный чемодан. Пусть он теперь мне послужит».

Адам потащил чемодан наружу. Нужны очки, на чемодане номерной замок. Он нашёл тёплый свиторок и куртку. Надо тащить всё обратно. Его место свободно. Вот всё и пригодилось. Стало теплее, но пора идти и искать, как говорят моряки, гальюн. Адам оставил чемодан сторожить место.

Потом он долго печалился, почему он не фотографировал картину, которая ему открылась. Люди валялись везде. У входа в туалет лежали двое. Один головой, а другой ногами. Весь паром был покрыт спящими людьми. И это были не беженцы с Ближнего Востока. Но теперь он знал, как выглядит их лагерь.

Паром прибывал в Геную в 8 часов утра.

Белла, Генуя

На весь паром загудело радио. Народ вздымался помятый и припухший. Большое кафе приглашало откушать кофею с булочками. Застолбив место чемоданом, Адам подошёл к стойке.

- Капучино, пер фаворе!
- Моментито, сеньор.

Он повернулся к машине и долго там чего-то готовил. €1,20.

Халява, понял Адам. Надо будет ещё чашечку потом заказать. Всыпав сахар, аккуратно размешал, чтоб не погубить пенку. Пробовал. Что это? Пенка холодная, как из холодильника. Почему, как? Она действительно из холодильника. А ещё итальянцы.

Было ещё темно, когда пассажиры, покидавшие паром, уворачивались от выезжавших машин, брели из трюмов. Откуда ни возьмись такси. Адам добежал первым. Показал адрес, написанный на бумажке.

- Пор фавор! Отель «Бриньоле». Сколько?

- Это на другом конце, €18 или €20.

- Понял, поехали.

Адам ехал по Генуе, как состоятельный человек. Как и везде, вокруг портов разруха. Страшненькие домишки, кучи хлама.

«Ладно. Мне обещали, Генуя красавица. Посмотрим!»

Подъехали к месту.

- Вот направо ваш отель. €19,75.

Кто бы сомневался. Адам отдал €20 и вылез из такси. Таща чемодан за собой, направился к отелю. Почему-то он не был удивлён. Длиннющая лестница круто вверх. С грохотом и проклятиями взобрался наверх.

- Бонджорно! У меня есть резервация в ваш славный отель, вот распечатка.

- Э боно. Бонджорно!

- А мы говорим по-английски?

- Добро пожаловать в наш отель. Ваша комната будет готова в 2 часа.

- О, Господи! Что я буду делать пять часов? Мне надо помыться, в туалет, наконец. Можно что-нибудь сделать?

К портье подбегает какой-то мужик с чемоданом. Как Адам понял, опаздывает на самолёт. Они переговорили, и мужичок сбежал.

- Могу я занять его номер? Я плыл на пароме 10 часов. Пер фаворе!

- Хорошо. Посидите в буфетной, пока уберут вашу комнату.

- Грация! Грация миле! - Когда очень хочешь в туалет, вспоминаешь много забытых слов.

Отель Бригноле

Номер оказался маленьким и чистым. Большая кровать, шкаф с сейфом внутри, письменный стол со стулом. Дверца в столе открыла доступ к маленькому пустому холодильничку. Радовало, что было много розеток и выключателей. Вставляешь в устройство около двери ключ, везде можно зажечь свет. Уходишь, вынул ключ, всё гаснет. Красота. Особенно его поразила ванная. Небольшая, 1,20 х 3,0. Но как всё устроено!

Сливной бачок для унитаза подвешен к потолку! Управление этим бачком задрапировано свисающим проводом от фена! Рядом с туалетом есть телефон, если вдруг кончилась бумага, звони! Но самое потрясающее - это расположение биде. Закончив обмывание в душе, приступаешь к процессу обтирания. Ввиду малого размера душевой кабины необходимо вылезти и обтереться на воле. Коварство дизайнера заключалось в том, что прямо перед душем располагалось биде, можно, конечно, поставить ногу внутрь и приступить к обтиранию, но есть другая нога! А ещё тело в придачу. Куда это всё девать? Можно перенести ногу влево, за биде. Для этого требовалась растяжка Волочковой или соревнующейся с ней Собчак!

«А если я поскользнусь? Я себе об это самое биде могу здорово повредить это самое моё!»

С большим процентом риска Адам покинул это травматичное место и в дальнейшем совершал все гигиенические процедуры, включая общее обмывание, с большой осторожностью. Как человек, получивший опыт совершения процедур в этом прославленном санитарном приспособлении, он нашёл его несовершенным и требующим дальнейшей дизайнерской работы.

Освежившийся, Адам надел чистые шорты и свежую майку и отправился знакомиться с Генуей. Портье выдал ему карту города и посоветовал прогуляться по виа де Винченцо! Чао!

Виа де Винченцо

Эта узкая виляющая улица начиналась практически от отеля. Она вся состояла из маленьких магазинчиков и была наполнена народом. Магазинчики были как торгующие различной едой, так и прочими товарами, волнующие в основном женскую часть населения. Сумки, обувь, косметика, украшения и любая одежда повторялись через каждые 10 метров. Народ гулял и шопил в основном молодой, шумный и жаждущий развлечений. Многие, по американской манере жевать на ходу, кусали всевозможные хлебобулочные изделия, держа их в полуприкрытых пакетах.

Это Адама чрезвычайно подкупило. Он тоже любил жевать на ходу. Он решил в Италии попробовать то, что в Америке рекламируется как итальянская кухня. В первую очередь, конечно, пицца, затем паста, капучино, разумеется, и морепродукты. Всё сразу съесть невозможно, но каждый день что-то одно - вполне. Есть три дня, начать можно с пиццы. Вот так, чтоб пиццерия, как в Нью-Йорке на каждом квартале, здесь нет. Зато полно того, что они называют «панадерия». Пан - это хлеб. Значит, эти все лавочки торгуют изделиями хлебными. Больше всего фокаччио. Это что-то вроде пиццы, но без сыра. Здесь их выпекали на больших алюминиевых листах, а затем резали на квадратики. Соус мог быть томатный или песто, а иногда с пятнами сыра. Были и пиццы, но это было то же самое фокаччио, припорошённое сыром и с разными овощами или кусочками ветчины. Панадерии были набиты народом, стоявшим в очереди за куском этого изделия. Продавцы за прилавком метались, отрезая и заворачивая куски, и едва успевали собирать деньги. Адам зашёл в одно заведение, где было несколько столов.

- Можно капучино и вот этот кусок фокаччио, но только горячий?

Было ясно из его речи, что он не местный, и его принялись обслуживать все служащие заведения. Пекарша принесла кусочек пирога с овощами на пробу. Старик-пекарь, неодобрительно смотревший, скрёб алюминиевые листы, но по его указанию Адаму дали здоровую печенюгу с изюмом, объяснив, что это местное лакомство. Капучино, погретое в микроволновке фокаччио и всё остальное, выставили перед Адамом и исподтишка смотрели, как он будет есть. Он откусывал от всего понемногу и передавал свои ощущения восторженными восклицаниями. Все были счастливы.

Перед Адамом была серьёзная проблема. Выплюнуть всё это на поднос и уйти было бы неправильно. Люди искренне старались, и он не мог им плюнуть в душу. Он решил наплевать на свой желудок и съесть всю эту реально несъедобную пищу. Тесто было волглое, ватное и жирное. Начинка вообще ни о чём. Не солёная, не перчёная, не пряная - никакая. Песочное печенье рассыпалось во рту в труху, и надо было много слюны, чтоб протолкнуть это изделие внутрь. Капучино по-итальянски лучше, чем его поили на пароме, но ненамного. Домучив свой завтрак, он произнёс очередное: «Муе боно!» Он уходил, провожаемый едва не аплодисментами, с не перевариваемым комком теста в желудке.

Улицы Генуи

Позавтракав так своеобразно в небольшой панадерии, Адам двинулся дальше по виа де Винченцо с набитым до отказа желудком. В силу этого обстоятельства все остальные встреченные магазинчики и кафешки, имеющие отношение к изготовлению каких-либо выпечных изделий, перестали его интересовать.

Одно заведение ему показалось любопытным.

Реклама гласила «Свежая паста здесь и на вынос». Надо познакомиться. Хозяин оказался типичным итальянцем. Присутствовала его жена, тёща, тесть и бамбини. Дитя было маленькое, но здорово пищало. Почему «оно»? Пол определить не удалось. Всё семейство одновременно пыталось его развлечь. Кто-то строил умильные рожи, кто-то угу гукал. Передавали с рук на руки, но оно было безутешным. Адам попытался ретироваться под весь этот шум и гам, но хозяин его перехватил и стал показывать и объяснять, какая у него чудная паста всех видов, и даже пытался сунуть ему что-то в рот, просто попробовать. Адам твёрдо отказался даже лизнуть, но пообещал завтра прийти и съесть.

- Маньяна, маньяна. Аривидерла.

Он благополучно улизнул. Если завтра дитя будет выходное, можно зайти и попробовать итальянскую пасту. Вокруг бушевало море людское и заглядывало в каждое окно. Шла грандиозная распродажа. Был конец сентября, и, вероятно, туристический сезон шёл на убыль, и магазины пытались выжать всё, что можно. Многие объявляли сумасшедшие скидки.

В магазине, торгующем сумками, смертоубийство. За €32,50 две любые сумки. Адам зашёл. Стоит большая коробка на полу, а в ней две любые вещи за €6. Нашёл сумочку для iPad, но предлагают две. Адам нашёл сумочку с кучей застёжек, змеек, карманов, на длинном ремешке через плечо. Отнёс к кассе.

- С вас €15.

- С чего это? Там написано €6 и за две.

- Извините! С вас €6.

Следующая дверь. Закрывается косметический магазин. Скидки 60-80%.

Да что с вами такое? Пройти не даёте. В витрине «Шанель #5», СК и прочие имена. Решил зайти.

- У вас есть Исай Мияги? - Он уверен, что нет.

- Есть, €32!

- Правда! Как неожиданно! Ну хорошо. Давайте.

«Значит, так. Это последнее. Больше в магазины ни ногой».

Там дальше, по улице, вещи всякие, обувь. Но Адаму всё равно. У него полный чемодан. Он сам мог продать, и очень дёшево. Итальянская деликатесная. Всякие вяленые, копчёные и разные другие. Но одна! Она поразила его воображение. Колбаса «Мортаделла» стояла на специальном столе, зажатая в станок. Размером в толщину его талии!

«Для чего такая колбасища? Если отрезать кусочек, то нужно подставить большой круглый поднос. Извращенцы».

Закончилась виа де Винченцо, и можно пройти на виа 22 сентября. Сплошные галереи, в которых только брендовые магазины. Адам просто гулял по улице. Его эти «Гуччи» и «Дольче & Габано» не привлекали. Виа широкая, длинная и красивая. Но какое-то всё очень старое и мрачноватое. Адам дошёл до площади Феррари. Красиво. Большой фонтан посредине. Феррари - это не в честь автомобиля. Это семья такая. Они и подарили городу фонтан. Адам перешёл на другую сторону и отправился обратно.

Генуя. Улица 22 сентября

Шикарные магазины, бары и кафе на всей улице 22 сентября, от площади Феррари до железнодорожного вокзала. Половина улицы - дома с колоннами. Между этими колоннами напротив баров и кафе эдакие стеклянные павильоны. Обслуживание происходит через пешеходную зону, но это уже привычно. Приятно сидеть в стеклянном комфортабельном аквариуме за чашечкой кофе. С одной стороны, мимо несутся машины, а с другой течёт праздная толпа. К сожалению, Адам такой кофе оценить не мог и предпочёл бы выпить кофе в американском «Старбакс».

На пересекающей улице малозаметная вывеска, со словом «маркет». Адам на такие вещи реагировал, как охотничья собака на появление зайца. Он свернул и вошёл в магазин. Больше похоже на очередную забегаловку. Выпечка, какие-то салаты, кофе. Вниз ведёт какая-то лестница. С одной стороны, девица китайского вида предлагает попробовать суши. С другой стороны лестницы стоит здоровенный амбал отнюдь не дружелюбного вида. Адам прошёл между этими двумя фигурами, реакции ноль. Он спустился вниз, и ему открылась умилительная для его сердца картина. Огромное подвальное помещение, а в нём огромный супермаркет.

Этому заведению, конечно, далеко до «Джаинт» в Бастии или «Казино» в Аяччо, но всё очень достойно. Овощной отдел хорош, винный превосходен, а что касается сыров, то это что-то. Отдельная витрина для сыров моцарелла. С этим видом сыра Адам в друзьях навек. Моцарелла для пиццы то же самое, что мозговая кость для хорошего бульона. Причём это должна быть моцарелла не цельной жирности, а произведённая из снятого молока. Свежая моцарелла лучше всего от чёрных домашних буйволиц и называется баффала де моцарелла. Она прекрасна в салате, а то просто нарезанная на ломтики, а поверх ломтики помидоров. Соль, перец и немного оливкового масла. Мясная продукция делится на то, что итальянцы называют «крудо», то есть сырое, отличающееся от приготовленного. На самом деле это вяленные куски различных частей животных, предварительно замоченные в рассоле. Ассортимент от четверти туши до нарезанных тончайшими ломтиками в прозрачных пакетах по 100 граммов. Безусловно, есть ветчины, копчёно-варёные, копчёно-запечённые и т. д. Большой отдел готовой горячей и холодной продукции. Морепродукты. Там он завис надолго. Фотографировал, конечно. Никто ему не мешал, не говорил, что нельзя. Народу было очень мало. Адам потихоньку складывал в прихваченную корзинку всего по чуть-чуть из каждого отдела. Нельзя бродить в таких местах, если не набить желудок перед посещением. Маленькая баночка перед бутылью с водой, чёрный трюфель. Смотреть не на что, а цена кусается, а вот сырок рядом, моцарелла де баффала!

На одинокой кассе сидел итальянский кассир, который с упорством говорил с Адамом только по-итальянски. Народу было немного. Не понимают люди своего счастья, и кассир измывался над Адамом, как хотел. Воду в бутылке отправил Адама поменять, поскольку его бутылка «но поссибеле». Потом он требовал мелочь и оказался невероятно счастлив, пересчитывая каждую монетку. Адам тоже был счастлив, не чая, как избавиться от мелких денег. С пакетами в руках, безусловно, купленными, он поднялся по лестнице и продефилировал мимо грозно смотрящего цербера. Надо найти дорогу обратно в отель.

Фаст фуд по-итальянски

Реклама на одном из заведений привлекла его внимание. Сопа и Ран. Суп и Хлеб. Поскольку значительная часть жизни Адама была связанна с фаст фудом, то всё, что намекало об этом сегменте индустрии, его занимало.

Маленький зал набит желающим народом. За прилавком мечутся два мальчика и две девочки. Наливают суп, делают сэндвичи и отпускают продукцию. Всё это происходит в темпе, достойном зависти, несмотря на то, что посетители очень избирательны, заказывают сэндвичи с разными начинками и намазками. Готового ничего, кроме супов, нет. Большинство уносит еду с собой, но есть две барные стойки со стульями. Можно и там поесть фаст фуд по-итальянски.

«Завтра приду сюда и всё попробую, выглядит очень аппетитно».

Адам нашёл свой отель. Маленькая, но радость. Разложил на столе добычу дня. Два вида вяленого мяса, пармезан и моцарелла, салат радиччио, половинка ещё тёплой куры-гриль, колбаска салями. Кьянти и минеральная вода.

Бон аппетит! Пора наливать!

Кьянти и пармезан

Любому человеку понятно, что при таком сочетании никакой десерт не нужен. Придя в превосходное расположение духа от приёма внутрь этих компонентов, Адам открыл свой неизменный и основной спутник, iPad. Вероятно, чтоб жизнь малиной не казалась, приключается старая история, но на новый лад. Нету вая, нету фая. Вчера ещё были, а сегодня сплыли. Писать не получается, смотреть «Ютюб» или что-то другое тоже. Жизнь, как у всякого человека, привязанного к интернету, остановилась. Адам надел шорты, пошёл вниз, к портье. Так, мол, и так. Верни близнецов, а то я так распишу ваш отель в Интернете, что народ отвернётся.

- Попробуйте новый адрес и пароль.

Адам набрал. Кукиш с маслом.

- И что теперь?

- Извините. Вечером после 8:00 будет другой портье, он дока в этих делах.

Делать нечего, надо ждать. В 8:05 Адам спустился вниз. Толстый дядька не в курсах. Адам рассказал всё сначала.

- Вот вам новый адрес и пароль.

- А он точно будет работать?

Тот же кукиш, с тем же маслом. Приходит ещё один жилец с той же проблемой, затем ещё один. Толстяк решает проверить свой мобильный телефон, поскольку в гостиничном компьютере, близнецы присутствуют. Пробует. Ничего!

- Сейчас я побегу наверх и перезагружу модем.

Всё впустую.

- Маньяна, сори!

- Что значит маньяна? Мне надо сегодня, а не завтра! Это я сори, что поселился в вашем отеле.

Адам вернулся в номер смотреть итальянский телевизор.

100 программ. Из них 10 немецких, 10 французских и вдруг один русский. Канал №1. Тоска, аж скулы сводит. Нашёл CNN. Узнал кучу новостей.

Буэнос ночес!

С утра зарядка и физические упражнения, связанные с вылезанием из душевой. После нескольких тренировок преодоление препятствия в виде биде проходило успешно. Пошёл завтракать супом и сэндвичем. Внизу опять старый портье.

- Ах ты обманщик. Обещал вай-фай...

- Стой, я побегу наверх и перезагружу модем.

- Бегал уже вчера один...

Портье убежал, потом прибежал.

- Вам нужен новый адрес и пароль.

- Опять 25. Ну давай.

Адам набрал. Есть вай-фай!

- И чего это было? Вообще-то мне наплевать. Ухожу, но я вернусь.

На виа де Винченцо с самого утра полно народу. Бойко торгуют магазинчики с итальянскими выпечными изделиями. Распродажа во всех обувных, галантерейных, парфюмерных и прочих магазинах. Но у Адама был выработан твёрдый план. Сначала в заведение с приятным названием «Суп и Хлеб», а затем, уже не на пустой желудок, гуляние по Генуе.

Было ещё слишком рано для ланча, и по этому поводу в заведении работали только две девчушки.

- Бонджорно, сеньор!

- Бонджорно! Уна сопа, уна сэндвич, пор фаворе.

Девочка прыснула в кулак, вероятно, на его итальянский. Другая, посмотрев на подружку укоризненно, вступила в борьбу.

- Скуза, сеньор! Вы американец?

- Си, скуза, да!

- У нас сегодня сопа фаджоли. А какой сэндвич хотите?

- Тёмный хлеб, прошютто, пармезан. Горячий!

- Сеньор! Мы так не делаем.

Эта девочка после тяжёлой борьбы сделала всё-таки сэндвич, как он хотел: разрезанный тёмный хлеб, намазанный соусом песто, ломтики пармской ветчины, сыра пармезан и листочки салата. Всё это отправилось в гриль и запеклось прекрасно. Суп из фаджоли фасолевый был хорош. Съел там же с большим трудом.

Порция, скажу я вам. Серьёзная!

Ориентал маркет

Покинув «Суп и Хлеб», приятное заведение, Адам двинулся по улице дальше, рассматривая встречные заведения и гуляющую публику. Дойдя до угла, он увидел в глубине улицы широко открытые ворота, над которыми висела надпись: «Ориентал маркет». Для него это звучало, как «Китайский рынок».

«Наверно, интересно, надо посмотреть».

При входе сидел чёрный человек с кепкой в руках. На Кису Воробьянинова не похож, но тоже просил подаяние. То, что Адам увидел внутри, реально потрясало. Ничего подобного он в жизни своей не видел. Тот, кто бывал в Питере на Кузнечном рынке, помнит его размеры. Этот был, как два, а может, и три Кузнечных рынка по размеру. Он занимал целый квартал, с четырьмя выходами на четыре улицы. Там было три больших круга. Но не размеры и грандиозность потрясали. То, что продавалось на нём, это надо было видеть. Сколько фотографий Адам там нащёлкал, он даже не представлял. Он бродил потерянно от одного фантастического зрелища к другому, и едва он выражал желание что-то снять, все благожелательно махали руками и улыбались, искренне радуясь вниманию.

Сначала он обходил громадный внешний круг. Там чередовались продавцы сыров и всяческих мясных вяленых и копчёных деликатесов с морепродуктами, выложенными на горы льда. Всё было свежайшее, сегодняшнего улова, а разнообразие просто не поддаётся описанию. Громадные омары и крабы, горки кальмаров всех размеров и польпе (так они называют осьминога). Рыбы всех цветов и размеров, сетки с различными раковинами, но венцом, конечно, были устрицы. До этого Адам видел эти самые устрицы в Нью-Йорке в «Ойстерс бар», где подавали 1/2 дюжины устриц к шампанскому, и чёрную икру с тостами к «Столичной». Стоило это умопомрачительных денег, а здесь этих устриц - бери не хочу. За выкладкой морской живности находился прилавок зеленщика, который добил Адама окончательно. Помимо всяческой пышной зелени выбор салатов, включая радиччио, но король, несомненно, был белый гриб. Итальянцы называют их порчини, но это наши, родные боровики. Только большие и свежие. Некоторые разрезанные, показывающие белоснежное нутро, другие стояли в гордом одиночестве, демонстрируя свою красоту.

Это всё пахло божественно. Лежали и большие кучки сушёных этих самых порчини. В отличие от отечественных, сушёных и чёрных, нанизанных на нитку, эти, нарезанные по длине, сияли белизной и дивно пахли. Бродя от одного прилавка к другому и постоянно что-то фотографируя, Адам единственно мог сожалеть, что не приехал сюда сразу. Можно, конечно, вернувшись домой, вывалить всё из огромного чемодана, взять такие холодильные мешки. Вернувшись в Геную, набить всё этими волшебными продуктами и лететь обратно домой, заранее предвкушая, как это всё будет готовиться.

Но противный разум говорил, что всё это больное воображение и даже если всё удастся, то сколько можно всего съесть? Обидно, конечно.

Экскурсия по Генуе

До отъезда оставалось полтора дня, и Адам решил взять автобусную экскурсию по Генуе. Портье подсказал остановку экскурсионных автобусов у центрального железнодорожного вокзала. Это было недалеко от гостиницы. Большая площадь перед вокзалом. Весь городской и не городской транспорт имел там стоянки. Множественные остановки разнообразных автобусов, стоянка такси, стоянка автобуса, доставляющего народ в аэропорт. Собственно, сам народ кучковался в разных точках большой площади. Кассы автобусного вокзала были закрыты, но парочка людей в форме курила поблизости. К кому бы Адам ни обращался с вопросом, где останавливается городской экскурсионный автобус, его посылали в разные места. Это в смысле один говорил там, а другая вон там. Курящие продавцы билетов вообще ничего не знали. Помотавшись взад и вперёд, Адам вдруг увидел его. Двухэтажный красный автобус с открытым верхом и большой надписью во весь автобус. Он побежал за ним, а тот всё ехал, аж до конца площади. Весь запыхавшись, Адам ввалился в открывшиеся двери.

- По городу, экскурсии?

Водитель неприветливо кивнул головой. Впереди сидела дама в униформе.

- С вас €15. Автобус курсирует по городу. Можно выйти в любом месте и сесть обратно в течение дня в любом месте. Вот вам наушники, выбирайте язык. Трансляция на 8 языках.

Адам поднялся по лестнице на второй этаж с открытым верхом. Каждое сиденье имело гнездо, куда втыкаются наушники. Русский был в числе предлагаемых языков. Автобус развернулся на улицу 22 сентября и покатил в сторону площади Феррари. Всё про эту улицу Адам уже знал, поскольку исходил её ногами. Автобус долго стоял на площади Феррари. Она была очень красива. Били многочисленные струи фонтанов, и народ охотно фотографировался на их фоне. Часть народа вышла из автобуса, а их заменили другие пассажиры.

Перед Адамом села пара, говорившая по-русски. Он моложавый, но с бритой головой. Это сейчас мода такая. Бритая голова и небритое лицо. Девушка была молода и явно не жена. Бритоголовый что-то негромко говорил, пытаясь её поцеловать. Она недовольно отклонялась, но говорила, что хотела бы приехать на всемирную выставку цветов в Генуе в середине октября. Забавная парочка.

Автобус поехал в порт. Он оказался огромен. Адам туда прибыл на пароме, так что кое-что уже видел. Всё вокруг порта требовало кардинального ремонта. Автобус вернулся в город, и они посмотрели ещё пару красивых площадей и несколько красивых зданий. Генуя оказалась не очень большим городом, но красивым. Здания явно требовали какого-то ремонта, но, возможно, такое вмешательство помешает очарованию старины. Когда автобус вернулся на вокзальную площадь, Адам покинул его с сожалением, что всё уже закончилось.

Чтоб поправить настроение, он отправился на «Ориентал маркет», и зрелище морских и земных чудес привело его опять в восторженное состояние. Генуя, ты прекрасна!

Расставание с Генуей

Наступил последний день в Генуе. Надо собирать чемодан и к 12:00 освобождать номер. В аэропорт ещё рано, есть 3-4 часа свободного времени. Адам отвёз чемодан и тяжело набитый рюкзак в кладовку отеля и пошёл гулять и прощаться с городом. Жить здесь он бы не хотел, но жить, как они, даже очень.

«Красивый город, свободные весёлые люди, а у нас таких продуктов, этой роскоши нет. Не хватает мне хороших салатов, сыров, морепродуктов. Пиццу и пасту я могу сделать сам. Было бы из чего. Но главное всё-таки - это дух свободы и независимости, ну и, безусловно, хорошие продукты. Есть, конечно, здесь всякая шушера, попрошайки, но на фоне множества весёлых и счастливых это ерунда.

Сегодня суббота. Улицы забиты гуляющим народом. Адам дошёл до «Ориентал маркет».

«Прощальный круг, и я вам завидую, ребята. Ходите здесь и

думаете, так и надо. А у нас, между прочим, этого нет. Вот это неправильно. Надо что-то придумать!»

Он вышел на улицу 22 сентября и прошёл до площади Феррари.

«Может, чашечку кофе в баре на улице. Нет. У нас с этим покруче. Ладно, зайду в подвальный супермаркет. Можно купить в дорогу вяленого мяса и сыра - сделать неплохой сэндвич».

По дороге Адам увидел рекламу в переулке: «Пицца, самообслуживание».

«Вот те на, в последний-то день, правда, не очень понятно, что это значит. Дадут тесто, соус, и сделай сам? А может, готовая, но сам разогрей? Надо зайти, посмотреть».

Народу - не протолкнуться. К длинному прилавку самообслуживания длиннющая очередь, и все с подносами. Счастливчики сидят за многочисленными столами и откушивают. Адам прошёл вдоль прилавка. Батюшки, это же столовая самообслуживания. По ту сторону повар накладывает в тарелки пасту, поливает выбранным соусом и посыпает сыром. Есть мясо, рыба, но паста номер один!

«Это едальня по-итальянски! А где же пицца? Нетути. Везде обман. Паста выглядит аппетитно, но я, извините, не жрать пришёл. Хочется чего-то изысканного».

Адам свернул на улицу, где есть уже полюбившийся ему супермаркет. А эта вся длиннющая улица и все пересекающие, как оказалось, по субботам отданы желающим попродовать то, что им самим больше не нужно. Чего там только не было. Адам подумал, что если бы в его стране тоже разрешили вытащить на улицу всякое ненужное барахло, то они тоже бы сидели на солнышке, судачили с соседями, попивали вино и закусывали. Там мало кто покупал, но удовольствие получали все. Стекло, тарелки, стулья, лампы, всего не перечесть.

Адам вернулся в магазин. Работают шесть касс. Полный подвал народу с тележками, бродят в поисках съестного. К кассирам длиннющие очереди.

«Во дают. Это значит, шопят по субботам. Пока всем».

Заключение

Прошли три недели с начала Адамовой одиссеи. Честно говоря, ему уже хочется домой. Все эти переезды, автобусы, поезда, самолёты, паромы и смена мест пребывания уже утомили. Хотелось приехать, разобрать чемодан, смыть с себя все путешествия и выспаться в собственной постели. Но всё это было ещё далеко. Рюкзак на плечи, чемодан за ручку - и вперёд, на вокзальную площадь Генуи дожидаться автобуса, который везёт пассажиров в аэропорт.

Автобус пришёл по расписанию. Затолкав чемодан в багажное отделение, Адам заплатил водителю положенные €6 и устроился на удобном сиденье. Автобус собирал народ по установленному маршруту. Следующей остановкой была площадь Феррари. А кто бы сомневался! Затем ещё какой-то небольшой вокзал, затем ещё одна, и они, минуя порт, поехали к месту назначения. Всё было близко, и через 40 минут они уже выгружались. Здание аэропорта было небольшим. Генуя не принимала большие самолёты. Адаму предстоял перелёт в Париж, а уж там через 3 часа той же «Эйр Франс» домой в Бен Гурион. Других вариантов не было, и он морально был готов одолеть это довольно занудное путешествие. За пару часов началась регистрация, и Адам встрял в эту длинную очередь. Настал его черёд, и он, кряхтя, водрузил свой чемодан на ленту. Весы показали 27 килограммов.

- У вас большой перевес. Хотите переложить или заплатите за перевес?

- А сколько?

- €70. Но вы можете переложить часть в свой рюкзак. Я не могу пропустить больше 24 килограммов.

Адам забрал свой изрядно поднадоевший чемодан и потащил в сторону.

«Что можно выбросить, а что переложить? Кусок сыра, утюг, салями, что-то ещё».

Его рюкзак стал неподъёмным. Потащил обратно на весы. 25 килограммов!

Женщина за конторкой, веря, что он искренне страдает, пропустила.

- Теперь вы увидите его только в Тель-Авиве.

- Какое счастье. Вы не поверите моей радости.

Впереди новое испытание. Таможенный досмотр.

- Всё из карманов в ящик. Снять ремень, часы. Компьютеры отдельно.

У Адама целых два. Один прикупленный по дороге. Ро-ются в рюкзаке.

- Это что? А, сыр. Это салями. А это что? Сардины и тунец, - говорят между собой по-итальянски.

- У нас всё дёшево, вот и хватают. Проходи и собирай своё барахло.

Небольшой зал ожидания. Всего-то через 1:30 пропускают на борт. Самолётик маленький. Проход посредине и по два кресла с каждой стороны. Лететь 1:45. Дали сэндвич, и на том спасибо. Сели в Париже. Аэропорт огромный. Автобус вёз пассажиров мимо современных вокзалов. Длиннющие стеклянные трубы жуткого диаметра. Автобус долго рулил по аэропорту, пока его не загнали в угол. Пассажиров выгрузили прямо на землю.

- Идите в здание и показывайте свой билет.

Многих отправляли налево, а Адама в числе небольшой группы - направо на посадку в другой автобус.

- Выходить всем на первой остановке, а вам на второй.

Адам вышел на второй остановке и поднялся в огромную стеклянную трубу.

- Ваш гейт номер 34.

А их всего 57. Он долго шагал по этому удивительному вокзалу, отыскивая свой гейт. Кругом надписи, фри вай-фай. Адам обрадовался, но, как оказалось позже, зря. Через три часа его рейс. В 23:30. Прибывает в Тель-Авив в 5:00. А там вообще ерунда. 2 часа на поезде и 1/2 часа на автобусе. Вот он и дома. Если очень верить, то всё сбывается!

Приём на Каменном острове

Этот рассказ родился в результате воспоминаний через много лет в связи с посещением прекрасного города Малаги. Начало его можно прочитать в сборнике «Путешествия Адама», книга первая. В повести «Испания, Малага». Испанцы произносят это имя, делая ударение на первый слог. Герой нашего повествования попал в составе большой группы тура по Андалузии в город Малагу. Далее воспоминания идут от первого лица нашего героя, Адама.

Мы едем в Малагу. Слово «малага» для меня всегда ассоциировалось с вином. В радостные времена всемогущей коммунистической партии меня радовали две вещи. Первая, что я до безобразия молод и всё самое главное впереди, и второе, что я хоть и неправильно начал свою взрослую жизнь, но всё можно исправить. О том, куда может завести юношеский глуповатый оптимизм, как-нибудь в другой раз, а сейчас о знакомстве с малагой. Мы, я с товарищами, работали в спецгруппе, обслуживая правительственные дачи на Каменном острове, в тогда ещё Ленинграде. Были такие десять правительственных дач под секретным шифром, все на букву «К». Например, К-2, К-3 и т. д.

Там останавливались и проживали, как теперь говорят, вип-персоны! Попросту это были гости страны самого высокого ранга! Это мог быть госсекретарь США Дин Раск или банкир Давид Рокфеллер. Последнего возили на пароходе по Балтийскому морю, но не приближаясь ни к каким берегам. Какой в этом смысл, нам было неведомо, у этого господина наверняка были свои яхты, и покруче, но, очевидно, товарищи из соответствующих учреждений полагали, что такой вояж - это на уровне миллиардеров. Обслуги был целый пароход, сотрудников органов, сами понимаете каких, тоже хватало. Чиновников всякого ранга и прочего люда тоже присутствовало немало! Вся эта орава пила, ела и отдыхала, как могла.

Этот круиз, извините за выражение, продолжался три дня! Из американцев, кроме самого Давида Рокфеллера, был его секретарь, прекрасно говоривший по-русски! Сам глава «Стандарт Оил», как и положено божеству, ни с кем не общался. Но можно было его видеть курящим трубку на верхней палубе и меланхолично глядящим на пустынные берега! Зато секретарь был очень общительный, и я развлекал его в свободное время расспросами о его боссе и жизни в Америке. Иногда я забывал, что нас подслушивают, и задавал ненужные вопросы, а ночью костерил себя за глупость!

Это были 60-70-е годы, и просто за разговор с живым американцем можно было за казённый счёт прокатиться в места отдалённые, на неопределённое количество лет. На правительственных дачах проживали такие гости, как шах Ирана с женой, главы правительств других стран, царьки африканских государств и пр. Правительственная дача К-2 была бывшей резиденцией, по слухам, родственника царя-батюшки Николая и была подарена балерине Кшесинской богатым и именитым петербуржцем. Дача была огромная и очень красивая! Правительственный автомобиль мог заехать прямо в здание, и прибывший переходил в холл, не выходя на улицу. Холл был в форме ротонды с колоннами и примыкал к большому залу, где накрывались столы для торжественных приёмов! Второй этаж был предназначен для проживания высокопоставленных гостей. Великое множество подсобных помещений, огромная кухня, складские помещения, комнаты для охраны, бельевые, сервизная, склад вин и прочее, и прочее! Во время проживания вип-персон режим работы был 24 часа! На всякий случай. Вдруг захочет, чего посреди ночи. Чаю, кофею, вина или закусить пожелает. Дежурили повара, официанты, кастелянша, охрана, водители и, конечно, сопровождающие чиновники высокого ранга. Последние любили оттянуться за коньячком и орешками на бильярде.

Столы для приёмов накрывались задолго до официального приёма, приносились со склада раздвижные столы, сверху деревянные столешницы, затем стелилось два слоя толстого сукна и, наконец, сверху льняные тяжёлые скатерти. Всё было по высшему классу! Фарфор, стекло, мельхиор - всё блестело и сверкало. Накрывалось точное количество, как тогда говорилось, кувертов, по-русски приборов. Каждой персоне полагалось по закусочной тарелке, слева вилка закусочная, ближе к тарелке вилка рыбная, затем столовая. Нож сначала столовый, затем рыбная лопатка, за ней нож закусочный. Слева от закусочной тарелки располагалась тарелка пирожковая, для хлеба. Сверху на закусочную тарелку ставилась тяжёлая льняная салфетка, свёрнутая конусом. Напротив, каждого прибора выставлялось стекло, а вернее хрусталь. Слева большой бокал для воды, наискосок от него бокал для шампанского, бокал для вина красного, цветной бокал для вина белого. Второй, ближний ряд состоял из рюмки для вина и лафитничек для вина к супу!

Всё это выравнивалось по натянутой верёвке! На середину стола ёлочкой укладывались зелёные веточки, и украшалось всё свежими цветами! Лепота, как говаривали в старину. На К-2 можно было накрыть стол до 70 персон, но накрывалось точно по заявленному списку! К каждому прибору ставилась карточка. Кто и где сидит, определялось где-то высоко наверху! Приходил проверять кто-то из так называемого «общего отдела». Он же и подписывал счёт за полученное удовольствие, и счёт отправлялся в хозяйственный отдел Кремля, который и производил оплату.

Само действо я опишу позже. А вся история сводится к тому, что именно там я впервые попробовал испанский сухой херес и малагу, которые подавали к супу! Не могу сказать, что был потрясён незабываемым вкусом. Вся страна пила водку или портвейны. На 8 Марта и на Новый год - шампанское! Всё это, кроме водки, было сладкое на вкус - не годилось для закуски! Водка без закуски - это то же самое, что пить за углом или у ларька. Хотя в совсем молодые мои годы в ларьках можно было купить бутылку водки. А на разлив водку отпускали из огромных бутылей, хранившихся в корзинах с соломой. Наливали 100 граммов водки, а на закуску предлагали бутерброд с красной икоркой или копчёной колбаской.

Потом это баловство запретили. Всякие сухие вина не производили на российского человека никакого впечатления, но названия звучали чем-то очень ненашим.

И вот мы едем в Малагу. Ударение, оказывается, на первый слог! Кто кому обязан названием? Хочется думать, что сначала появилось вино и город обязан своим названием всемирной славе этого напитка!

Помимо проживания высокопоставленных гостей, на правительственных дачах проводились мероприятия, которые на казённом коммунистическом языке назывались приёмами! Всё происходило по высшему разряду и соответствовало протоколу! Этот пресловутый протокол диктовал порядок и систему обслуживания! Эта почётная, но обременительная задача была возложена на ресторан «Метрополь». Его бессменный директор Тихонов Николай Иванович отвечал головой (буквально) за организацию и проведение подобных мероприятий! В те времена «Метрополь» был единственный в своём роде, который имел материальную базу и лучшие кадры в городе! «Метрополь» был построен первым товариществом официантов в начале 19 века! Ресторан был сделан по-купечески, с размахом! Огромный центральный зал сверкал зеркалами и люстрами, грушевый и ореховые залы для проведения различных мероприятий! Балкон с отдельными ложами! Огромная кухня с множеством цехов. Большая пекарня! Складские и подсобные помещения. На кухне работали такие выдающиеся повара, как Янушкин, Фатэв, Бибиков! Вышколенные команды официантов возглавляли метрдотели, работавшие на всемирных выставках, где участвовал и СССР! На каждой правительственной даче были кухни, кладовые и хранилища всего, что необходимо развернуть в любое время. Повара и официанты отправлялись по необходимости на правительственные дачи, и всё работало, как один отлаженный механизм! Меру ответственности каждый понимал сам.

Команда на организацию приёма в честь того или иного

гостя поступала либо по линии обкома партии, либо по линии горисполкома. Утверждались дата, количество гостей, меню и какие-то особенности. Приём мог возглавлять генеральный секретарь или другой, назначенный на конкретное мероприятие. Если прибывал мэр какого-нибудь зарубежного города, приём возглавлял председатель ленинградского горсовета или назначенец. Обычно приёмы от 20 до 70 вип-персон организовывали на К-2. Прибывала группа поваров и официантов, и с утра готовили зал и кухню под присмотром метрдотеля. Часа за два приезжал «хозяин», так все звали Тихонова, даже городские чиновники!

Столы стояли буквой П или Т. В любом случае был очерчен президиум, по списку соответственно. Сервисные подсобные столы с запасом посуды, приборов, хрусталя и прочего расставлены по периметру. Официанты и повара выстраивались в шеренги, шёл осмотр и инструкции. Объявляли, кто и кого принимает. Кто где сидит. Обслуживать президиум выдвигались самые опытные официанты. Порядок определял «хозяин».

- Наливаем только с правой стороны, подача блюд с левой стороны, убираем с обеих сторон. Работаем быстро, бесшумно и чётко! Повара всё подают по команде из зала!

Все всё знают и понимают, это просто мандраж, то есть волнение!

- Сегодня начинаем с чёрной икры, это значит, надо поставить на закусочную тарелку ещё пирожковую, положить наискосок икорную лопатку.

Меню зачитали, всё понятно! Начинают собираться потихоньку гости, а значит, пора выносить на подносах аперитивы. Перед залом, накрытым для приёма, располагалась большая зала с колоннами по кругу. Называли её ротонда. Там собирались гости, разговаривали и пробовали аперитив. В толпе передвигались официанты с подносами, уставленными разными рюмками и тарелочками с орешками, ходили посреди толпившихся. Народ иногда спрашивал: «А это что?» Ответ звучал загадочно: «Аперитив». «Аа!»

Ни тот, ни другой не знал, что это такое, но понимали - так надо. В те времена, когда все были невыездные, никаких аперитивов в стране не было. Наливали просто красное и белое вино - и делов-то.

Раздался шум, засуетилась охрана, зашептались: «Сам, сам!»

Появлялся хозяин мероприятия с гостями, переводчики, сановная челядь, и всё зашумело и задвигалось! Все ждали команды хозяина мероприятия.

- А не пора ли нам отведать чего-нибудь?

Распахивалась двери гостиной, сверкающий белизной и блеском хрусталя стол был к услугам хозяев жизни. Хозяин приёма, услужливо награвленный к назначенному месту, барственно подбадривал робеющий народ, но никто не садился, ожидая, когда сядет сам. (Сам тоже одно из имён главного).

Наконец, все усаживались, многие с опаской смотрели на стройные ряды приборов и хрусталя. Оно и понятно, сделаешь что-нибудь не так, и что из этого получится, никто не знает. Метрдотель даёт отмашку - и всё полетело. Официанты с бутылками с водкой и минеральной водой подлетали справа. В рюмки наливали водку, в фужеры - воду. Слева подавали в стеклянной вазочке, стоящей во льду в мельхиоровой икорнице, отборную белужью икорку. На хлебную тарелочку укладывали тёплую свежую булочку и масло сливочное. Сколько здесь было курьёзов и конфузов!

Чего с этим делать? Чем мазать? Куда девать салфетку накрахмаленную? Когда есть? Когда пить? Вышколенные официанты мгновенно меняли приборы, помогали справиться с салфеткой, подсовывали икорную лопатку - всячески опекали, каждый свой участок. Сам поднимал рюмку, мгновенно всё затихало, и он, в зависимости от гостя или настроения, произносил: «На здоровье!» И первая пошла! Самое трудное казалось позади, но зачастую оказывалось, что тот или иной иностранный гость не пьёт водку. Но это он так думал. Сам обязательно это безобразие замечал.

- Нет, нет! Так не годится! У нас такой обычай. Рюмка водки и бутербродик с икоркой - это святое.

Соседи нарушителя помогали советом и делом. Вот что значит правильно рассадить народ! Виновник переполоха пытался отпить, но не тут-то было.

- Нет, нет! Пей до дна!

Злодей пытался отговориться, но это был не тот случай. Наконец, водка выпита, глаза выпучены, дыхание перехвачено, и тут люди добрые суют закусочку. Но это только первый раз страшно, а потом всё равно!

Убиралось всё, связанное с икрой, менялись перепутанные приборы, тарелки и всё, что запачкано! На столе идеальный порядок, и с кухни несут следующую перемену - рыбную закуску. Это на большом мельхиоровом блюде нарезанные ломтики слабосолёной сёмги или холодного копчения осетрин-ка. Во времена былые на блюдо укладывалась крустада! Это был сваренный из риса холодный постамент. На него укладывали целую рыбину, а на неё - нарезанные кусочки от другой рыбины. Таким образом, гость мог видеть откуда взялась эта закуска! Но это давно отменили! Рассказывали, что на одном из приёмов в честь высших морских чинов одного из государств подали целую рыбину и кусочки! Но поддатые морские волки рыбину не отдали, а, вытащив кортики, порубили на мелкие кусочки. Для казны показалось это очень убыточно, и с тех пор просто и без особых затей просто укладывали кусочки рыбы и украшали лимоном.

Официанты при помощи ложки и вилки, держа длинное блюдо на вытянутой руке, подойдя с левой стороны от гостя, выкладывали рыбу и ломтик лимона на закусочную тарелку! Те, кто отвечал за алкоголь, постоянно держали рюмки полными и подливали воду по мере надобности!

Сам сказал: «Поехали», и действо текло размеренно и без рывков. Народ пообвыкся, посмелел, и лёгкий шумок говорил, что всё идёт по плану. Вот и третья перемена готова! Столы приведены в идеальный порядок. С кухни несут мясную холодную закуску, нарезанную буженинку с хренком или фаршированную, запечённую филейную вырезку! Всё идёт чин чинарём! Рюмки наполняются, и уже никто не протестует, а даже радуется!

Ко всем закускам подаётся холодненькая винтовая водочка. Жизнь удалась!

А вот и следующая перемена. Из кухни несут кокотницы

(металлический маленький ковшичек с ручкой) с запечённым Жюльеном из грибочков под соусом бешамель. Надо сказать, что пробег из кухни до гостиной достаточно большой! Нельзя, чтоб кухонные запахи чувствовались за столом!

- Вот жульеньчик отведайте, осторожно, ручка горячая, можно вилочкой, вот маленькая!

Гости и официанты - уже одна дружная семья. Советуются, спрашивают, общаются!

Но народ вышколенный и абсолютно трезвый. Знает, кто есть, кто! На кухню лучше не соваться. Попадёшь под горячую руку, мало не покажется! Понять поваров можно. Всё красиво оформлено, всё по высшему разряду и на 70 персон одновременно! Не приведи Господь не понравится. И подумать страшно.

Следующая перемена - суп! Как правило, это был прозрачный бульон (консоме) с расстегайчиком. Ставились большие бульонные чашки, расстегайчик горячий на пирожковую тарелку, и бульон наливался с правой стороны от гостя. К супу наливалась рюмка хереса или сухой малаги. Херес называли шерри. Только в городе Хересе я понял, почему так. Это просто не очень понятный английский перевод слова «херес». Первая половина приёма прошла, впрочем, всё впереди. На столе оставались только хрусталь, его не убирали до самого конца, приборы рыбные и столовые. Приносились горячие большие тарелки и рыбное горячее блюдо. Это могла быть осетринка по-монастырски. Запечённая осетрина, обложенная картофелем «Пушкин» (отварная картошка, нарезанная на круглые ломтики и обжаренная с обеих сторон), кругляшки варёного яйца – всё это благолепие заливалось соусом бешамель (густой молочный соус), засыпалось пармезаном и запекалось до хрустящей корочки. Могла быть и «гатчинская форель»! Небольшая речная форелька, свёрнутая колечком (хвостик привязывали ниткой к головке). Готовили на пару и подавали с отварным, точёным бочечками картофелем. Соус сметанный с хреном дополнял ансамбль. Иногда подавали блюда той страны, откуда прибыл гость. Кто-то ел столовой вилкой, кто-то резал столовым ножом. Большинство, подержав рыбную лопатку, откладывали её за ненадобностью. Официанты в очередной раз убрали стол, заменили приборы, и на столе оставались только столовые приборы.

Готова мясная перемена. Это могло быть порционное блюдо, как бифштекс по-деревенски, так и соусное блюдо, как бефстроганов! Перед гостем стояла горячая большая тарелка, подходил с левой стороны официант и выкладывал бифштекс с жареным луком фри сверху, второй за ним выкладывал кружочки жареной картошки! Бифштекс готовили из филейной вырезки до полной готовности. В те времена никто не понимал, каким должен быть стейк, и если, не приведи Господь, с кровинкой, он считался сырым! Бефстроганов приносился в так называемых мельхиоровых баранчиках с крышками. На тарелку на одну сторону выкладывалось мясо и на другую половину жареный картофель фри (жаренный соломкой до хруста во фритюре)! Иногда была ещё одна перемена. Какое-нибудь овощное блюдо, но его принимали без особого восторга, потом и вовсе отказывались. К рыбному блюду наливалось вино белое. Обычно это было грузинское «Цинандали», а к мясному блюду наливалось красное, «Мукузани». Большого успеха эти вина не имели. После мясного блюда всё, кроме хрусталя, убиралось. Ставились десертные тарелки, фруктовые ножи и блюда с фруктами. Открывалось шампанское, и сам вставал и произносил речь в честь гостя (или гостей). Бывало, приём вёл Н. С. Хрущёв, охрана удаляла весь обслуживающий персонал.

Я тихонько спросил: «А чего это всех удалили?» Мне так же тихо ответили: «А вдруг ляпнет чего не надо». Раздавались громкие аплодисменты, охрана впускала обслуживающий персонал. Оно и понятно. Не сами же они будут наливать шампанское! Гость произносил ответный тост - и снова бурные аплодисменты! Формальная часть приёма закончилась. Народ переселялся в другую залу, где были накрыты отдельные столики. Стояли уютные кресла, приглушённый свет подчёркивал неформальную обстановку. Подавали коньячок, кофе, жареные орешки и кубинские сигары. Приём продолжался в дружественной и сердечной атмосфере.

Израильские истории

Дорогой мой читатель!

Я приглашаю тебя побывать вместе с нашим героем в Израиле. В первом томе путешествий, в главе «Эйлат», есть рассказ о свадьбе. Первой израильской свадьбе, где нашему герою довелось побывать. Каждая свадьба прекрасна по-своему, и две другие, на которые он был приглашён, обозначены просто номерами.

Вы сможете побывать на старейшем в истории еврейского народа обряде. Обрезание, или, как это называют на иврите, брит-мила, сохранилось вместе с нацией.

Автор

Ах, эта свадьба...

Свадьба №2

Приглашение на свадьбу пришло по почте. «Имярек такие-то приглашают...» Число, день, место и время. Ехать надо. Во-первых, это родственники, во-вторых - это интересно. Адам уже был на одной свадьбе в Израиле (об этом он уже писал в первой книге, «Путешествия Адама»). Интересно посмотреть и на другие. Вообще в Израиле свадьбы справляют широко. Приглашают всех: близких и друзей, знакомых и их друзей, а порой просто знакомых. Один из друзей Адама как-то приглашал его на свадьбу. Но Адам тогда не сумел побывать, о чём очень жалел. Невеста была из Марокко, гостей с обеих сторон присутствовало 800 человек.

Времени было достаточно для того, чтобы приготовиться и обдумать подарок и форму одежды. Если с последним и были какие-то сомнения, то с подарком в Израиле всё просто. В конверт вкладывается энная сумма денег, подписывается дарителем и всё. Можно всё это проделать при появлении в месте церемонии.

Там лежат конверты и ручки для написания пожеланий. Всё просто, понятно и разумно. Раньше тащили всякую утварь для дома, посуду и постельное бельё. Всё это девать было некуда, да и не нужно. Сохраняли магазинные чеки, специально для того, чтоб можно было сдать обратно. Возможно, это был более экономный способ внести свою лепту дарителя, но очень непрактично для одариваемых. Простые денежные знаки сегодня являются лучшим подарком. Все счастливы, довольны и смеются!

До свадьбы надо ещё доехать. Израиль - страна небольшая, но поскольку пешком не дойдёшь, приходилось организовывать транспорт. Главными были те, у кого есть права и они не пьют. Иногда, если народу из данного места собирается много, арендуют автобус. Так было и в этот раз. Народу собралось много. Старшего возраста - родные и близкие. Юного возраста - друзья невесты. Жених был из другого города, а как они добирались, Адаму было неинтересно.

Автобус сделал несколько остановок, пособирал народ и направился к месту свадебной церемонии. Через час с небольшим он въехал на большую стоянку. Гости, высыпавшиеся из автобуса, потянулись гурьбой в сторону большого здания. Оказавшись у фасада, они увидели большой освещённый вход в зал торжеств. Несколько лифтов поднимали гостей наверх. Адам тоже вслед за толпой втиснулся в один из лифтов, и они так же дружно вышли в большой холл. Люди двигались во всех направлениях, довольно бестолково стараясь понять, куда надо идти. Адам увидел с правой стороны большой стол с разложенными на нём карточками-визитками с именами людей и номерами столов. Там стояла девушка, помогая всем желающим найти своё имя и соответственно отведённое место. Адам смело направился к этой славной девушке и назвал своё имя. Она мило улыбнулась и стала просматривать карточки. Очевидно, это не помогло, и она обратилась к списку гостей. Но, увы, и там его имени не нашлось.

- Простите, как вы сказали вас зовут?

- Адам Гардов! А что, меня забыли внести в список приглашённых?

- Нет, нет. Вы не волнуйтесь. Мы сейчас разберёмся. Можно взглянуть на ваше приглашение?

- Да! Вот пожалуйста.

- Так вам не сюда! Это третий зал, а вам надо в первый.

- О, Господи! Так что, здесь три зала и везде женятся?

Она мило улыбнулась и вернула ему приглашение. Адам

отправился искать первый зал. Холл гудел, как растревоженный улей. Оно и неудивительно. Народу было далеко за тысячу. Конечно, не все были такие бестолковые, как Адам, но многие. И все искали, куда им идти. У широкой двери первого зала Адама встретили знакомые лица. Все были возбуждены и в приподнятом настроении, как это бывает в праздничной атмосфере.

Племянник ввёл Адама в курс дела.

- Где ты есть? Уже все прошли, а ты пропал.

- Я не пропал. Я пытался пристроиться на другую свадьбу. Хорошо, что подарок не успел отдать. Но меня не пустили. Биги, говори, куда идти.

- Вон видишь мою жену Люду? Подойди, она тебе даст карточку с номером стола. А потом зайди в зал, там гостей встречают Лена и Гриша.

Адам отправился к Люде.

- Здравствуйте, Люда! Меня ваш муж отправил сюда. Сказал, вы заведуете столами и местами.

- У Биги всегда было непросто с юмором. Вы сидите за 10 столом.

Адам зашёл в огромный зал. При входе стояла его племянница с мужем, Ляна и Гриша, встречающие всех приглашённых.

- Ну привет! Ты уже нашёлся? А то твоя сестра волнуется!

- Привет, ребята! Я вас поздравляю со свадьбой дочери! Куда подарок девать?

- Вот сюда, видишь?

У входа стоял большой ящик, больше похожий на сейф с широкой щелью. Входящие опускали туда конверты с подарками, поздравляли родителей невесты и двигались дальше. Гости постоянно прибывали. Адам отправился разыскивать стол под номером 10.

Когда Адам нашёл стол, за который ему было отведено место, он был не очень обрадован соседством. Помимо его двоюродной сестры Иры и её мужа Фимы там сидели её две пожилые подружки из России. Они приехали на отдых в Израиль и жили у Иры. Та очень любила гостей и особенно готовить, и кормить всех, кто ценил её кулинарные таланты. Поскольку гости не платили ни за питание, ни за постой, то они всем восхищались и, понятно дело, были благодарны. Одна из них, Света, была спокойная и дружелюбная, зато другая была нахрапистой и наглова́той. Адам, столкнувшись с ней однажды, был невероятно возмущён её хамоватой манерой общения.

Все столы были накрыты на десять гостей. За этим столом сидела ещё какая-то пожилая незнакомая пара, затем водитель-инструктор Евгений с супругой. В Израиле, независимо от водительского стажа, профессионалы и любители, все должны пересдавать вождение, причём обязательно с инструктором и на его машине. Евгений, через которого проходили все, кто сдавал вождение в их городке, был спокойный и симпатичный человек.

Адам подумал, что надо пойти и попросить перевести его за другой стол.

- Это мой брат, Адам! А ты чего не садишься? – спросила Ира.

- Да я пойду, поищу чего-нибудь выпить.

Он вернулся к выходу, где всё там же стояли родители невесты.

- Слушай, Ляна! Кто рассаживал гостей? Можно меня перевести за другой стол?

- Ты чего, Адам? За этим столом твоя сестра и другие, твоего возраста люди.

- Вот это мне и не нравится. Там есть одна такая...

- Да я знаю. Но она какая-то дальняя родственница нашего папы. Потерпи немного. Всё равно ни одного свободного места нет.

Адам отошёл, с трудом сдерживая раздражение. Испорченный вечер. Чёрт с ними. Я буду просто сидеть за баром.

В зале при входе стоял большой бар. Трое барменов крутились, едва успевая наливать беспрерывно подходящим гостям. Справа от бара располагался большой гриль, на котором жарилось мясо. Желающие брали тарелки, подходили к грилю и получали свою порцию жареного мяса. На противоположной стороне зала располагался суши-бар. Две женщины готовили суши, и к ним тоже стояла очередь. От жареного мяса Адам отказался сразу. Постояв немного в очереди за суши, перешёл в очередь за алкоголем. Народу, желающего вкусить дары Бахуса, было больше, чем возможностей барменов. Адам давно усвоил: если ты в Израиле хочешь чего-нибудь добиться, будь энергичнее и веселее. Никто ни на кого не обижается, но все лезут вперёд без очереди. Кто не понял, будет стоять, как стоял.

- Аллё! Да, ты! Налей мне бокал красного вина!

Получив желаемое, Адам вышел из зала. Народ ещё прибывал, но так, мелкими брызгами. В коридоре стоял Биги с бокалом в руке.

- Адам! Ты чего? Не нашёл свой стол?

- Увы, нашёл. Там сидит эта стерва, родственница твоего отца.

- Я знаю, о ком ты говоришь. Её никто на дух не переносит. Я говорил моей маме. Она уже сама не рада, что пригасила её в гости. Но теперь уже поздно. Давай лучше бахнем за мою любимую племянницу Эстер!

- Хороший повод, как ты говоришь, бахнуть. А может, просто и тупо нажраться.

- Дядя! Имеешь право оторваться. А ты попробовал жареное мясо? Очень вкусно.

- Это ты, Биги, большой любитель мяса, да к тому же жареного. Но не для меня. Я постоял в очереди за суши, а потом попросил просто кусочек солёной сёмги, без риса. Тётя меня не послала, но и кусочка рыбки тоже не дала.

Делать было нечего. После первого бокала настроение улучшилось, и, получив второй, Адам вернулся к столу, от которого сбежал.

Народ шумел, закусывал, бродил от бара к закускам, и все были счастливы. Адам, видя, что выхода нет, посещал бар, а затем выходил из зала, пообщаться с племянником. После нескольких посещений и одного, и другого настроение понемногу улучшалось. Закрылись закусочные филиалы, и в зале что-то стало меняться. На пустой сцене появились различные люди. Сама сцена преобразилась. Появились прозрачные тюлевые стены и четыре шеста с натянутой из ткани крышей. Было понятно, что это хупа. Место, где происходит процесс бракосочетания. Молодые ребята протащили от входа к сцене белую дорожку. Зазвучала музыка, и на дорожке появилась процессия. Впереди шли мальчик и девочка, красиво разодетые и осознающие торжественность момента.

Адам так засмотрелся на этих двух ангелочков, что не заметил, откуда на сцене появился жених. Он был одет, как полагается жениху, с шапочкой на голове, которую в Израиле называют кипой. В различных религиях головному убору придают исключительное значение. Евреи, христиане, мусульмане и любые другие конфессии и религии можно сразу опознать по головному убору.

Торжество подходило к кульминационному моменту, выходу невесты. Её вёл к хупе, как и полагается, отец невесты. Момент был ответственный и волнующий. Невеста была в шикарном, естественно, белом, длинном свадебном платье. Фата закрывала её лицо. Женщины уже вовсю сморкались в платочки и вытирали катящиеся слёзы. Было понятно, как они переживали, вероятно, представляя свои шаги к будущей брачной жизни. Отец невесты подвёл её к жениху и передал с рук на руки, снимая таким образом с себя дальнейшую ответственность. Со сцены разнёсся по всему огромному залу волшебный поющий голос, который читал нараспев молитвы и тексты брачной церемонии.

Надо отдать должное, что после жениха и невесты это была наиболее запоминающаяся часть всей церемонии. Этот голос сопровождал всю длинную церемонию бракосочетания. Многочисленные профессиональные фотографы снимали всю свадьбу от начала и до конца. Современный народ, оснащённый всякими гаджетами, не отставал, стараясь запечатлеть навсегда волнительные моменты. Наконец брачующиеся стали мужем и женой, и наступил другой важный элемент в брачной церемонии - танец жениха и невесты.

Надо сказать, что свадьба проходила в соответствии с еврейскими законами и традициями. Еда была кошерной, церемонию вёл раввин, кантор (человек, поющий во время молитв) сопровождал всю церемонию. Словом, всё кошерно, то есть в соответствии с религиозными традициями. Но вот танец жениха и невесты был несколько осовременен. Традиции предписывали танцы проводить исключительно по половому признаку. Мальчики танцуют с мальчиками, а девочки, соответственно, с девочками. Единственный совместный танец совершался в акробатическом этюде. Жених и невеста сажались на разные стулья, а затем, поднятые в воздух, кружились над толпой в танце, не соединяясь и оставаясь на своих стульях. Но на этой свадьбе танец жениха и невесты прошёл в современном прочтении. Это был настоящий и очень красивый танец, в конце которого жених изящно наклонил невесту, а она ещё более изящно откинулась назад. Народ в восторге бурно аплодировал.

Торжественная церемония закончилась, а гуляние только разворачивалось. На каждый стол официанты принесли по бутылке виски «Блек лейбол» и по бутылке водки различных вкусов. Предлагалось горячее, но Адам в очередной раз отправился к бару. Его уже все узнавали и наливали красное вино в бокал. Он вышел в холл, где перекуривал племянник.

- Дядя! Как тебе свадьба?

- Свадьба шикарная. Достойные жених и невеста. А кантор пел волшебно!

- Они его заказывали задолго до свадьбы. Он нарасхват.

- Ничего удивительного. С таким голосом.

- А ты чего не за столом? Сейчас разносят горячее.

- Там сидит родственница твоего папы, она портит всю малину.

- Да не обращай внимания. Если на всех реагировать, себе дороже!

- Ты прав. А когда придёт за нами автобус?

- Ну, это ещё не скоро. Мне говорили, часа в 2 ночи.

- Вот кошмар. Я бы уже уехал с удовольствием.

Адам вернулся за свой стол. Его сестра Ира заподозрила неладное.

- Адам! Где ты ходишь? Уже всем горячее разносили.

- А он воображает! - встряла неприятная виновница Адамова настроения. Адам с трудом сдержался, боясь во всеуслышание сказать, что он о ней думает. Подошла официантка.

- Вы хотите что-нибудь заказать?
- А что есть?
- Мясо, курица или рыба.
- Возьми курицу, я пробовала. Очень вкусно, - опять встряла противная.
- Принесите мне рыбу.

Рыба с овощами оказалась холодной и невкусной. Адам поковырял её вилкой, отставил в сторону и, повернувшись лицом к залу, а спиной к столу, стал смотреть на веселившуюся молодёжь. Играла громкая музыка, молодёжь танцевала, да и пожилое поколение тоже выкидывало коленца. На сцене, где проходила церемония бракосочетания, убрали хупу, и там разместился оркестр.

Невесту приглашали танцевать друзья, и она охотно, как и все, веселилась от души. Среди танцующих Адам разглядел родителей и жениха, и невесты. Сегодня их дети, давно уже живущие вместе, наконец сочетались браком. Все знали, что так и будет. Но молодые всё откладывали дату свадьбы, объясняя желанием закончить учёбу. Всё понятно, но переживания были. Слава Богу, всё закончилось прекрасной свадьбой, и все были счастливы!

К Адаму подошёл муж его сестры, Фима.
- Адам! Пока. Я уезжаю домой.
- А на чём ты поедешь? До автобуса ещё масса времени.
- Я еду с Евгением и Соней, его женой. Он сидит с нами за одним столом. Это инструктор, с которым ты сдавал на права.
- Фима! Я тоже хочу уехать вместе с вами. Спроси у Евгения.

Он ушёл, но вскоре вернулся.
- Если ты готов, то поехали. Место есть.

Они ни с кем не попрощались. Все праздновали и веселились, и им было ни до кого. Внизу на парковке стояла машина Менделя, все уселись в неё и поехали.

Через полтора часа Адам открывал дверь своей квартиры.

Свадьба №3

Прошло какое-то время, и однажды поздно вечером, как это обычно бывает, позвонила Ира.

- Привет, братец! Есть хорошая новость!

- В это трудно поверить, но валяй.

- Нас пригласили на свадьбу!

- Опять! Они решили провести свадьбу на бис?

- Ну при чём здесь моя внучка! У нас, что, мало родственников в Израиле?

- Я знаю, что есть. Но вроде одни уже старые, а молодёжь уже семейные.

- Есть у нас двоюродный брат, так вот его дочь решила выйти замуж.

- Передай от меня привет и всяческие пожелания. Но она вроде давно уже живёт с каким-то парнем.

- Так и есть. А теперь они решили пожениться. Вчера родители были у меня и привезли всем, кто из наших живёт в нашем городке, пригласительные билеты. Они у меня, так что можешь забрать.

- Они же живут где-то на самом юге. Мы с тобой были у них, когда ездили на «утреннюю» иерусалимскую свадьбу.

- Так и есть. Но свадьба будет где-то в центре страны.

- А кто нас повезёт? Они закажут автобус?

- Свадьба во вторник. Все работают. Так что я не знаю, сколько нас будет. Запиши себе в календарь число и время. А потом всё решим. Есть одна проблема.

- Что ещё за проблема?

- Невеста и жених, как это называется, я забыла, ну вроде сектанты.

- Вот этого нам и не хватало. А какой они секты придерживаются?

- Да я не помню.

- У нас есть секта «Скиния Давида». Я ездил с ними на экскурсию в Иерусалим.

- Нет, другая какая-то.
- Может, «Свидетели Иеговы»?
- Да. Вроде так и есть.

Ира, несмотря на приличный возраст и неприличный вес, была чрезвычайно общительной и любила всякие посиделки и мероприятия. Её муж, полная противоположность, худой и не очень общительный, старался избегать всяких гулянок. Они прожили вместе много лет и основали небольшую династию. Дочь Ляна и сын Биги тоже обзавелись семьями. На свадьбе Ляниной дочери Эсфирь они недавно отгуляли. Положение родственников и правила приличия требовали быть отзывчивыми и порядочными.

Недели за две до поездки выяснилось и количество народа, могущего посреди рабочей недели отправиться на свадьбу где-то в районе Тель-Авива. Всего их собралось пять человек. Помимо Адама и Иры её взрослые дети, Ляна с Биги и ещё одна племянница, Наташа. Решили поехать на одной машине. Туда за рулём едет Биги, обратно Ляна. Это было начало июля, а значит, довольно жарко. Адам долго соображал, как одеться так, чтоб и жарко не было, но и одежды поменьше и самой лёгкой. В назначенный день за два часа до начала торжества Биги объездил и собрал всех участников свадебного торжества. Женская половина оделась соответственно, а Адаму и Биги выговаривали за пренебрежение правилами приличия. Все приготовили конверты с подарками, включили кондиционер и поехали.

После часа довольно быстрой езды Биги потребовал остановки. Как всем курильщикам, ему нужен был подзаряд никотином. Посреди дороги номер 6, центральной скоростной дороги, на половине пути с каждой её стороны размещалась большая заправочная станция с парковками, кафетериями и туалетами. Большинство тех, кто пересекал страну с севера на юг или в обратном направлении, делали там остановку. Туристические автобусы выгружали пассажиров. Водители тоже пользовались вынужденной остановкой.

Биги и Адам отправились в кафетерий. Женщины предпочли сидеть в охлаждённой машине. Снаружи было жарковато, но в помещении кафетерия работал мощный кондиционер.

- Адам. Ты чего будешь?

- Я? Небольшой капучино.

- Нам один маленький капучино и холодный кофе со льдом. - Он говорил всё это на иврите.

Биги много лет жил в Израиле и не только был в армии, но и окончил высшее учебное заведение. Понятно, что его иврит был без изъянов. Адам несколько раз принимался за овладение этим невероятно сложным для него языком. В последний раз он даже умудрился сдать экзамены и получить диплом. Но отсутствие реальной необходимости пользоваться этим языком, а также владение английским, которое помогало в сложные минуты, свело все усилия на нет. Он понимал, что надо либо работать в этой среде, либо просто общаться на повседневной основе, а так всё забывается и уходит.

Они вышли на улицу. Биги закурил сигарету, Адам стоял рядом, отпивая маленькими глотками ароматный кофе. Затем, перебросившись несколькими фразами, вернулись в машину. Наташа рассказывала о посещении Болгарии. Она говорила об этом с самого начала путешествия, и никто не знал, как её остановить.

- Брось ты со своей Болгарией. Бедная страна. Я там был, – не выдержал Адам. – Раньше говорили: «Курица не птица, Болгария не заграница». Давайте лучше поговорим о женихе с невестой. Все знают, что они свидетели Иеговы?

- Адам! Кто тебе об этом сказал?

- Ляна! Мне об этом сказала твоя мама.

- Мама может сказать! Мне говорили, что они вегетарианцы.

- Очень смешно. Как можно перепутать вегетарианцев со свидетелями Иеговы? Биги, мы очень быстро едем! С такой скоростью мы через полчаса будем на месте.

Как и большинство молодых людей сегодня, Биги постоянно сидел в интернете. Он включил поисковую систему Waze, которой пользовались все в Израиле, и, естественно, на иврите. Адам пробовал попользоваться системой, переведя её на русский, но поскольку все указатели и улицы назывались на иврите, то особого проку от этого путеводителя не было.

Они свернули после указателя на другую дорогу. Ляна и Наташа тоже включили ту же поисковую систему, и они состязались, кто быстрее и правильнее назовёт место, где они проезжают и где надо съезжать. Адам в этих спорах участия не принимал, по вполне очевидным причинам. Под дружные указания они ещё раз свернули на другую дорогу, и, судя по всему, оставалось минут десять до конца путешествия. Цифры о времени конца путешествия разнились, и они принялись спорить, у кого показания точнее.

Неожиданно оказалось, что они въехали в какой-то арабский городок. Вокруг на зданиях и магазинах все названия были написаны арабской вязью.

- Мы чего, в арабской деревне будем гулять на свадьбе?

- Мой GPS показывает, что до места ещё три километра, - заметила Наташа.

- А мой вообще ничего не показывает, - расстроилась Ляна.

- Я вообще не понимаю, где мы и куда ехать, - это был Офир.

У всех поисковые системы громким голосом предлагали совершить разные повороты в разных направлениях. Улочки городка были непомерно узки, да ещё заставлены множеством автомобилей. Многие автомобили двигались в разнообразных направлениях, и такие глупости, как правила движения, как и практически во всех арабских поселениях, всерьёз не принимались. Уже немного стемнело, и казалось, что все жители местечка высыпали на улицы. Гудели сигналы, машины останавливались посреди улицы, и радость встречи оглашалась гортанными криками. Биги сигналил, но никто на это не реагировал.

- А с какого бодуна столько народу на улице? Смотрите, все магазины открыты, и на улицах тоже продают всякие штуки с лотков. - Адам смотрел на всё происходящее с большой опаской.

- Так сегодня последний день Рамадана. Они месяц постились и голодали. Сегодня после захода солнца можно праздновать и гулять.

- Биги! Нам только этого не хватало. Смотри, что творится. Они лезут под машину, как очумелые. Ездят так, что волосы дыбом. Давайте валить отсюда, пока не поздно. Пока нас не принесли в жертву в честь Рамадана!

- Дядя! Я не думал, что ты такой трусливый!

- Я, может, и трусливый. Но не хочу находиться посреди фанатично настроенной толпы. Не дай Бог произойдёт какая-нибудь авария или какой-то обкуренный дикарь кинется под машину, нас вытащат и порвут на кусочки.

Женщины в один голос принялись осуждать Адама и надсмехаться над ним.

- Дядя! Это Израиль! Мы живём посреди арабских поселений. Ничего с нами не будет.

- А я, - вступил Биги, - езжу по таким деревням каждый день. И ничего не случилось. Куда тут поворачивать, хотел бы я знать.

Ещё в течение получаса они крутились по узким улочкам, как их вёл «waze», пока не выскочили на какую-то дорогу. Ещё через 10 минут всё тот же «waze» громко доложил, что надо повернуть направо и это конец маршрута. Биги повернул вправо и подъехал к ограде, где въезд перегораживала деревянная оглобля. Там же стоял парень, который расспрашивал, кто они и зачем пожаловали. Они были пропущены на большую поляну, где уже стояло множество запаркованных машин. Биги дважды сделал круг почёта, выбирая место для парковки. Наконец они вылезли в темноту и направились в сторону тёмного строения, виднеющегося неподалёку.

Они находились в огромном парке. Вокруг росли высокие пальмы, различные декоративные кусты. Множество цветов, высаженных определённым образом, только подчёркивали красоту явно дизайнерского ландшафта. Свет уличного фонаря освещал широкую дорожку. Они двинулись вглубь парка, фотографируя окружавшую красоту. Впереди на дорожке их встретила мать невесты, Нина. Все обнимались, поздравляя счастливую мать.

- Нина, а где твой муж?

- Семён! Он там, немного подальше. Проходите, он вас ждёт.

- Пошли! Я его вижу, вон впереди, - Биги всегда забегал вперёд.

- Друзья мои! Я так рад вас всех видеть. Спасибо, что приехали!

- Мы тоже очень рады тебя видеть и поздравляем со свадьбой дочери. - Ира любила говорить от имени семьи. - А куда подарки можно сдать?

- Вот видите, похож на большой почтовый ящик? Можно туда опускать конверты. А потом подходите к этим девушкам, они найдут вас в списке и дадут вам бирочку с номером стола. Но я знаю, ваш стол номер 2.

Народу подходило всё больше, и Семён как глава семьи и отец невесты был нарасхват. Все кружились на этом большом пятачке, представлявшем из себя ресепшен. Конверты с подарками отправлялись в большой уличный почтовый ящик, установленный именно для этой цели, затем переходили к столу, за которым две молодые особы, выяснив фамилию и имя, выдавали бумажный квадратик с номером стола. Совершив этот ритуал, толпа двигалась дальше по дорожке, ведущей мимо стеклянных окон зала торжеств. Он был очень большой, шикарно украшен и освещён. По всему залу стояли накрытые большие столы, на эстраде музыканты устанавливали свои инструменты.

- Ребята! Смотрите, какой красивый зал! - поделилась Ляна.

- Очень красивый и такой большой! Это на сколько же людей рассчитано? - поддержала её Наташа.

- А мне уже всё здесь нравится! Очень всё красиво! А парк какой! - Ира всегда была немного восторженной.

Они прошли мимо большого зала, и впереди открылось большое поле, приготовленное к приёму гостей. Слева на берегу большого озера была установлена сцена, явно для проведения торжества. Дальше за сценой был расположен бар, и несколько барменов обслуживали приходящий народ. По всему полю были расставлены столы и стулья, а также скамейки для отдыха. Прямо перед эстрадой стояли ряды для публики, желающей смотреть церемонию. По краю поля несколько беседок, приспособленных под выносную кухню, предлагали различные закуски. Биги уже хотел чего-нибудь выпить.

- Я в бар! Адам, ты со мной? Мама, тебе чего принести?

- Сынок, принеси мне виски с колой. А мы с девочками пока найдём место, где сесть. Кто ещё хочет чего-нибудь выпить?

Ира всегда хотела куда-нибудь сесть.

- Ляна! Тебе чего-нибудь принести?

- Братец! Принеси мне просто воды. Наташа, что тебе?

- Мне тоже пока воды со льдом.

Адам и Офир отправились в бар. Девочка и двое мальчиков отпускали напитки беспрерывно подходящим гостям. Получал тот, кто быстрее мог привлечь к себе внимание. Биги никогда не терялся, особенно когда дело касалось выпивки. Он быстро приспособил девочку обслуживать его заказ.

- Адам! Ты что пьёшь?

- Бокал красного вина. Как сказать? Яин адом? А ты что будешь пить?

- Молодец! Правильно говоришь. Я сегодня буду пить виски.

Адам обратился к бармену: «Слиха! Яин адом, бевакаша». Это означало: «Извините, бокал красного вина, пожалуйста». Слова иногда всплывали, а иногда, хоть убей, ничего не вспомнить.

Они набрали в руки заказанные напитки и пошли искать своих. Нашли их за большим столом в окружении небольшой группы людей. Ира всегда была очень общительная, и с ней постоянно кто-то здоровался.

- Знакомьтесь, кто не знает. Мой сын Биги. А это мой брат Адам.

Нестройный хор мужских и женских голосов приветствовал подошедших. Они отдали заказанные напитки, так же поприветствовали собравшихся и пошли проверить, чем потчуют сегодня народ.

В первой беседке-кухне им предложили горячие кусочки тофу и китайскую лапшу с овощами. Во-втором нарезанные сырые овощи. Биги, который признавал только мясо, отправился к третьей беседке. Адама по дороге перехватил отец невесты, Семён:

- Адам! Как настроение?

- Всё хорошо. Это очень красивое место. Только по дороге сюда мы попали в какую-то деревню, где арабы праздновали окончание Рамадана. Весь народ на улицах. Сами улочки узенькие, ни проехать, ни пройти. Всё заставлено машинами. Ездят они как попало. Мы едва оттуда выбрались.

- Я знаю эту деревню. А зачем вы туда поехали? Я же к приглашению в каждый конверт положил схему проезда. С четвёртого шоссе есть простой съезд.

- Ребята включили «waze», а он показывает кратчайшую дорогу. Вот мы и влипли.

- Понятно. Но обратно можете поехать по четвёртой дороге без проблем. Слушай, Адам! Моя дочь и будущий зять вегетарианцы. Они захотели, чтоб на свадьбе были только вегетарианские блюда. Я им говорил, что это неправильно. Кто-то любит это, а кому-то не надо. Но они так захотели. Я сам пробовал всё, что готовили. Мне очень понравилось.

- Ну, я думаю, что один раз можно поесть и вегетарианскую еду. Мне нравится.

- Вот и хорошо. А скоро уже буде хупа.

Адам пошёл искать свою группу. Он нашёл их сидящими за тем же столом.

- Ребята! Я вам должен кое-что рассказать. Только давайте потише. Я не хочу, чтоб другие слышали.

- Да говори! Что случилось? - не выдержала Ира.

- Меня остановил Семён, и вот что он рассказал. Жених и невеста никакие не сектанты «Свидетелей Иеговы» или какой-то другой секты. Они вегетарианцы.

- А кто вообще пустил эту пулю, про сектантов? - возмутилась Ляна.

- Я уже тебе говорил, твоя мама, когда говорила мне о приглашении.

- Ты мою маму больше слушай!

- Да мне кто-то сказал! Я уже не помню, кто.

- Вообще о таких вещах нужно предупреждать, — Биги был явно обижен.

- Ребята, не ссорьтесь. Ну, поедим вегетарианской пищи. Если б они всех предупреждали, больше половины вообще бы не пришли, - резонно заметила Наташа. - Так хотят жених и невеста. Это их праздник.

- А нельзя было сделать отдельно вегетарианскую еду и обычную еду? - высказала здравую мысль Ира. - А рыба-то будет?

- Ребята! Я вам больше скажу! Они, не помню, как это называется, но они полные вегетарианцы. Не едят мясо, рыбу, сыр и яйца.

Биги был не просто обижен, а оскорблён.

- Если бы я знал, то точно бы не поехал. Пошли, Адам, возьмём хоть выпить.

Адам попросил полный бокал вина, а Биги - двойной виски. Они снова отправились к кухням-беседкам и набрали всего понемногу. Женщины тоже набрали всяких овощей, и все пробовали вегетарианскую кухню.

- Нет, я вам скажу, очень даже неплохо. А тебе, Ляна?

- Да, вкусно. Но я вижу, что моему брату не нравится.

- Если про грибочки, то даже вкусно. Посмотрим, что будет на горячее.

Начиналась церемония бракосочетания. Заиграла музыка, и первая пара детей открыла шествие к месту церемонии. Очередь принимающих участие в церемонии установили далеко в парке. Идти приходилось далеко по полю. Играла музыка, народ хлопал, церемония продолжалась. Вслед за детьми прошагали близкие друзья брачующихся, затем пара за парой, их родители. И только затем никем не сопровождаемые жених вместе с невестой. Бурные аплодисменты, и все собрались на сцене под хупой. Раввин вёл церемонию, народ снимал всё на различные гаджеты, и все были взволнованны и счастливы.

Кто разбивал по традиции стакан, наступая на него, спрятанного под салфеткой, было не видно из-за обступивших этот заключительный и важный аккорд бракосочетания. Говорили, что тот, кто разбивает стакан, тот и будет доминировать в семье.

Народ дружной гурьбой повалил в зал. Все искали свои столы. К Адаму снова подошёл Семён.

- А где все ваши? Вот прямо ваш стол, номер 2.

- Да вот они идут. Ребята, это наш стол. Слушай, Семён! Очень всё круто и красиво. Очень много народу!

- Вообще приглашали 500 человек, но пока, я думаю, человек 400. Но ещё идут. Наши люди любят опаздывать.

- Ужасная манера! - вмешался Биги. - Терпеть не могу опаздывать и не люблю, когда опаздывают другие. Это просто неуважение к хозяевам.

- Ладно. Садитесь, гости дорогие. Слева от вас накрыты столы с горячими блюдами. Выбирайте, что понравится. Справа работает бар. Обслуживают официанты, можно заказать, что хотите. Из бара или из горячих блюд. На каждый стол официанты-ты принесут по бутылке виски и бутылке водки. Весёлого вечера, а я должен идти к другим гостям.

- Спасибо, Семён! Ну а мы, ребята, пошли добывать горячее.

Никого уговаривать не нужно было. С правой стороны зала стояли составленные на всю длину зала столы с большими ресторанными стальными блюдами, под которыми горели спиртовки. За столами стояли повара, готовые помочь и подсказать. Блюд было множество, все с разными овощами, грибами, пастой, тофу и прочими деликатесами вегетарианской кухни. Народ набирал всего понемногу в большие тарелки и отправлялся за свои столы. Наша компания не отставала от других и тоже старалась выбрать, что могло, по их мнению, составить конкуренцию мясу, рыбе или куриным яйцам. Встречались за столом, обмениваясь информацией об ассортименте.

- А я нашла грибы шиитаки. Очень вкусные, - поделилась одна из дам.

Адам рванул на поиски лакомства, поскольку очень любил эти грибы. Он обошёл весь ряд и под конец увидел большой глубокий лист с жареными шляпками грибов. На шиитаки они были мало похожи.

- Ребята! А это какие грибы у вас?

- Это портобело. Тушёные с травами и специями. Вам положить?

- Положите парочку. - Адам был расстроен.

Он вернулся за стол, где доедала свои грибы неправильно проинформировавшая всех бестолковая дама.

- Представляете! Я им говорю - шиитаки, а они мне - портобело. Ну такие тупые, что просто кошмар.

- Вы извините. Это я перепутала. Значит, это портобело?

Свадьба шумела и гуляла! На столе появилась бутылка виски и бутылка водки. Биги немного помягчел. Заиграл оркестр, и в зал понеслась прекрасная музыка, и очень приятный голос пел песню любви. Адам заворожённо смотрел на солиста. Он был очень похож на жениха.

- Биги! На кого похож этот певец?

- Да это же жених поёт! - все восторженно шептались. - Жених поёт!

- Ребята! Он действительно классно поёт. Кто-то говорил, что он из Индии.

- Вот в это я поверю! - утвердительно заметил Биги. - Теперь понятно, откуда это пристрастие к вегетарианской еде.

- Да уж! Могли бы хоть немного поставить мяса, - Ира была очень недовольна сугубо овощной трапезой.

Музыка звучала всё громче. Народ пустился в пляс. Жених был в ударе. Шло время. Желающие ещё ходили за овощами и грибами, но постепенно и это сошло на нет. За столом переглядывались, словно ожидали, кто первый предложит уходить. Биги был первым.

- Всё, ребята! Поехали домой. Я хочу поесть чего-нибудь нормального.

Все искренне подхватили разумное предложение и засобирались. Это не осталось незамеченным бдительным оком Семёна.

- А вы чего, ребята? Хотите уже уходить? Подождите, сейчас начнут сервировать десерт. Вон уже убирают горячее и сейчас принесут сладости и фрукты.

- Спасибо, Семён! Но завтра на работу рано вставать, а ехать далеко, - Ляна высказалась за всех.

- Ну смотрите сами. А то могли бы ещё немного посидеть за десертом. Спасибо всем, что приехали. Пойдёмте, я вас провожу.

Все двинулись по дорожке мимо освещённого свадебного зала. Было видно через большие окна, как официанты несли блюда с десертом.

- Может, попробуете всё-таки десерт? - всё ещё надеялся отец невесты.

Все отказывались, ссылаясь на позднее время, долгую дорогу домой и раннее вставание. На парковке ещё раз распрощались с наилучшими пожеланиями жениху и невесте, погрузились в машину и поехали в темноту ночи. Ляна сидела за рулём, а Биги, сверяясь с электронным путеводителем, отдавал команды. Через 10 минут они вновь въехали в арабскую деревню, через которую пробирались несколько часов назад.

Там стало ещё больше народу на улице и машин. Всё было открыто. Большой праздник и народ гулял. Ели, пили и шумели.

- Ребята! Мы, что, опять вляпались в эту деревню? Семён же говорил, что есть другая дорога. Как мы сюда попали?

- Адам! Не волнуйся. Эта дорога короче. Быстрее приедем.

- Биги! Ты чего? Болен? Кому нужна эта тупая экономия времени. Здесь невозможно проехать! Смотри, что творится. А не приведи Господь, авария. Нас живых отсюда не выпустят.

- Адам! - это была уже Ляна. — Мы израильтяне, и мы привыкли к этому. Но так действительно короче.

Адам продолжал возмущаться, но получал взамен всеобщие насмешки и обвинения в трусости. Говорить было бессмысленно, и каждый остался при своём мнении. Через полчаса машина выскочила на шоссе, и все разногласия и споры стали бессмысленны.

Холон

Такое, наверное, случается со многими. Когда компьютер у Адама отказался делать что бы то ни было, он основательно напугался. Мало того, что это был его друг, которому поверялись все тайны и мысли, это было общение с внешним миром, досуг и развлечение. Но самое главное было то, что Адам решил стать писателем. Если быть честным, то вдруг стать писателем, конечно, может каждый. Есть перо, ручка, карандаш и лист бумаги. Всё! Твори! А теперь при наличии компьютера, который за тебя может много чего сделать, да теперь и писать не надо. Сиди, говори, а он за тобою записывает. Мечта идиота. То, что это не так просто, Адам понял довольно скоро.

Для начала надо приобрести компьютер. Сказано - сделано. Вот он! Большой, красивый! Только что с ним делать и как научиться этим управлять, раньше в школах не обучали. Это сейчас малыши ещё не могут себя вытереть после туалета, а дай ему планшет, он сам разберётся, куда тыкать и что смотреть. Но Адам был человек из прошлого века. Знаний в этой области никаких. Их должна заменить настырность и самоуверенность. Но как-то не сразу.

Время шло, какие-то навыки появлялись. Постепенно компьютер стал если не другом, то хозяином. Он требовал внимания с утра. А мог и не спать всю ночь.

Поначалу Адам бегал к местному компьютерщику каждый день. Потом всё реже. Научился писать заметки, и они стали расти в объёме и требовали места.

Проблема заключалась в том, что клавиатура компьютера,

которую называют ласково «клава», была на двух языках, иврите и английском, а русский был добавлен в виде наклеек. От частого употребления, а может, от неряшливости, эти буковки засаливались и лохматились. Кто-то сказал Адаму, что есть лазерный способ гравировки букв.

Он долго приставал ко всем знакомым и незнакомым с этой проблемой, пока один из них дал ему телефон компании, которая этим занимается. Адам позвонил, и ему подтвердили, что эта компания существует и находится в городе Холон. Он записал адрес, часы работы и собрался ехать.

После долгих поисков в интернете Адам выяснил, что город Холон находится недалеко от Тель-Авива и можно доехать на поезде, а там сделать пересадку, и две следующие остановки приведут его к цели. Жил Адам на севере, но ради «клавы» готов был к лишениям и трудностям.

Рано утром он уже сидел в автобусе, который должен был отвезти его на конечную северную остановку израильской железной дороги, Нагарии. Через полчаса он был на месте. Ещё через полчаса он смотрел в окно поезда, везущего его на юг.

Был первый день недели, и поезд, поначалу почти пустой, начал наполняться молодыми девочками и мальчиками в военной форме и с оружием. Они возвращались на службу после выходных в родном доме. У всех были большие сумки или рюкзаки с чистыми, постиранными вещами и прочей солдатской нуждой. Вещи были везде, оружие они ставили между ног, и все включали телефоны или ноутбуки и общались. Было шумно, весело и уютно.

Два часа пролетели незаметно. На одной из остановок в Тель-Авиве, которая являлась узловой и от неё поезда шли в разных направлениях, вся эта вооружённая армада вышла, и Адам вышел вместе с ними. Теперь надо было понять, на какой поезд садится и в какую сторону. Он поднялся вместе со всеми на второй этаж большого вокзала. Там висело огромное электрическое табло, указывающее все направления, время и номер платформы отправления. Информации было много. Для грамотного человека, знающего иврит, это была прекрасная информация. Адам, знающий иврит в пределах начинающего посещать детский садик ребёнка, весь этот информативный, да ещё постоянно меняющийся клубок напоминал известную миниатюру А. Райкина «Регбус, значит, кроссворд получается».

Добрая душа, видя его страдания, одурело пялившегося на огромное сверкающее табло, расспросив, порекомендовала пятую платформу. Воспарявший духом Адам разыскал выход на пятую платформу и спустился вниз вместе с солдатами. Это была платформа №5. Но поезда останавливались с двух сторон платформы. Когда подошёл первый поезд, Адам вместе с солдатами рванул к открывшимся дверям, с криком «Холон, Холон?»

Он был остановлен от глупости лезть не в свой поезд, и стало понятно, что надо садиться на другой стороне платформы. В очередной поезд никто не спешил на посадку. Адам зашёл в одиночестве и тревожно ожидал развязки. Зазвучал хриплый голос на радио и произнёс много непонятных слов, но одно пролило бальзам на растревоженное сердце. Это было слово «Холон».

Открылись двери, Адам поднялся с ещё одним пассажиром наверх и вышел на улицу. Было очень тепло и пустынно. Пассажир, с которым он поднимался, словно чуя ненужную проблему, испарился. Адам стоял посреди улицы в незнакомом городе, ожидая чуда. Оно не замедлило явиться в виде автомобиля со знаком такси на крыше.

- Простите! Вы говорите по-английски, а может, по-русски?

- По-русски говорю.

- О, какое счастье. Вот тут у меня записан адрес. Можете меня туда отвезти?

- 50 шекелей.

- Хорошо, хорошо! Спасибо! А это далеко?

- Да, не близко. А ты откуда?

Адам рассказал свою эпопею и мечту сделать «клаве» новый алфавит.

- Тебе надо было на следующей остановке выйти. Оттуда ближе.

- Теперь уже в следующий раз. Хотя я вряд ли ещё раз поеду в такую даль.

Они распрощались дружески, хорошо понимая друг друга.

В офисе

В небольшом офисе компании Адама встретила сидящая за стойкой девушка.

- Здравствуйте! Говорите по-английски или по-русски?
- Немного по-русски.
- Какой удачный день сегодня! Сначала таксист, теперь вы!
- Я не понимаю. Ты чего хочешь?
- Ох, простите! Вот «клава». Я хочу добавить русский алфавит.
- Нет проблем. Фамилия, имя, телефон. Выбери цвет.
- Как это - выбери цвет?
- Мы делаем лазером гравировку букв, а затем покрываем краской. Выбери из этой таблицы, какого цвета буквы ты хочешь?
- А какой самый яркий цвет?
- Многие выбирают лимонный. Вот этот, - она ткнула пальцем в таблицу.
- Хорошо! Сколько я должен и как долго надо ждать?
- 200 шекелей. Часа полтора времени. У нас есть твой телефон. Жди сообщения.

Адам рассчитался и вышел на улицу. Было жарко и нечего делать. Он двинулся вниз по улице. Район был рабочий, достаточно пустынный. Перейдя через дорогу, он уткнулся в какой-то странный торговый центр. Это были отдельные магазины, расположенные вокруг площади. Они были большие, но абсолютно пустынные. Названия были знакомые, но все с добавлением слова «оутлет». Первый магазин был спортивный, с различными снарядами и снаряжением. Второй был магазин «Адидас». Адам побродил по пустынному магазину и вновь удивлялся необычно низким ценам.

- Могу я помочь вам в чём-нибудь? - обратилась к Адаму продавщица.

- Спасибо! Я просто смотрю. А у вас очень доступные цены.

- Да! Здесь все магазины-оутлеты известных фирм.

- Я понял. Это дисконтные магазины, куда привозят нераспроданный товар с других магазинов компании.

- В общем так. Модели, которые заменены на новые, остатки партий и разные другие обстоятельства. Поэтому наши цены вне конкуренции.

- Здорово! Жаль, что у меня всё есть, хотя парочку летних футболок надо посмотреть.

Адам долго выбирал фирменные футболки и отобрал три.

- Я вот эти возьму. Цены у вас действительно привлекательные. Будь вы в другом месте, было бы не протолкнуться от покупателей.

- Мы в рабочем районе. Наши покупатели приходят вечером.

Адам рассчитался за покупку, получил фирменный пакет с покупками и бродил из магазина в магазин, поражаясь ассортименту и ценам.

«Надо нашим рассказать. Ира обожает дисконтные магазины. Правда, сюда ехать далеко. Это надо целый день убить».

Время летело незаметно, и вскоре зазвонил телефон. Пришло сообщение.

«Наверняка моя клава готова. Неужели прошло полтора часа?»

Адам вернулся в офис компании, куда отдавал клавиатуру компьютера.

- Я получил сообщение от вас. Моя «клава» готова?

- Почему ты зовёшь это «клава»?

- Извините! Дурная привычка. А вы, наверно, давно из России. У вас такой акцент.

- А я израильтянка. Мой бойфренд из России. Он меня и научил.

- Вот здорово. Мне надо найти гёрл френд израильтянку.

Тогда я быстро выучу иврит. А то хожу, как глухонемой. Только английский и помогает.

- Если бы у тебя не было английского, ты бы выучил иврит быстрее. Вот твоя «клава»

-Проверяй.

На клавиатуре появились яркие, лимонного цвета буквы и символы. Вся доска выглядела необыкновенно нарядно.

- Ой как здорово! Очень красиво! Спасибо большое.

- Ладно. Давай заверну.

- Скажите, а как мне до железнодорожного вокзала добраться? Здесь есть какой-нибудь автобус?

- Не думаю, что здесь автобус идёт к вокзалу. Проще на такси.

- А можете вызвать мне такси?

Она набрала телефон и после небольшого разговора с диспетчером обернулась к Адаму.

- Такси будет через пятнадцать минут. 50 шекелей.

- Большое спасибо. До свидания!

Вскоре Адам ехал в такси с молчаливым водителем. У входа в здание вокзала стоял скучающий охранник. Он, как это и полагается, осмотрел пакеты Адама и пропустил его внутрь. Там было пустынно, и только у стены стоял автомат для приобретения билетов. Все надписи были на иврите. Выбора не было. Спрашивать помощь – никого, кроме охранника, не было.

- Извините! Вы говорите по-русски или по-английски?

- Ты русский что ли?

- А вы тоже русский. Сегодня мне везёт!

Хмурый охранник помог купить билет, и Адам, осчастливленный, сунул его в щель турникета. Получив разрешение и свой билет обратно, прошмыгнул внутрь.

«Не потерять бы только этот билет, а то потом не выйдешь на улицу».

Внизу на платформе не было ни души. Когда подошёл пустой поезд, Адам залез внутрь, надеясь, что он сел в правильном направлении.

- Следующая остановка Тель-Авив, - объявило радио.

«Слава Богу! Мне тут надо пересаживаться в направлении Нагария».

Адам уже ориентировался в происходящем и не был столь потерян. Через три часа он шагал от автобусной остановки в сторону дома, неся с собой драгоценную «клаву», ради которой и был весь вояж.

МакБук

Вечером Адам разговаривал по «Скайпу» со своей двоюродной сестрой.

- Ира, привет! Угадай, где я был сегодня весь день?

- И где?

- Я ездил в Холон!

- А это где? И зачем ты туда ездил?

- Это город, дальше за Тель-Авивом. Вообще считается его пригородом. А ездил я туда делать буквенную гравировку на мою «клаву».

- Ничего себе! А поближе места не нашёл?

- Во-первых, в Израиле это единственное место, где это делают. Во-вторых, там сделали настолько прекрасно, я даже не могу тебе описать. Яркие, красивые и всё видно. Печатать - одно удовольствие.

- А что же ты мне не сказал? Я бы тоже поехала. А то мои наклеенные буквы уже все залохматились. Надо считать и клеить новые. Так лучше сделать, как у тебя.

- Это недешёвое удовольствие. Сама процедура 200 шекелей, да ещё дорога.

- Ну и что! Я бы поехала. Когда поедешь в следующий раз, возьми меня.

- Я не думаю, что ещё когда-нибудь поеду. Уж больно далеко это.

Тогда он ещё не знал, что поедет снова в Холон, и ещё не раз. Приближалась осень, и Адам надумал поехать во Францию. Вернее, на Корсику, но через Францию, город Ницца. Преображённая клава, конечно, была очень удобна для работы, но всё-таки гораздо удобнее было писать, а скорее печатать, на iPad. Его компьютерный ментор, приходивший помогать Адаму со всеми проблемами, которые возникали в процессе работы, подсказал новую идею:

- Мы с семьёй недавно ездили отдыхать в Будапешт. Так вот, в аэропорту есть большой магазин электроники, «Дюти фри». Я держал в руках новый МакБук. Классная штука. Это то, что тебе надо. Платформа «Эппл», и это компьютер. Там есть клавиатура, и, я думаю, писать на ней будет гораздо удобней, чем на iPad.

Адам этой идеей загорелся и решил приобрести МакБук во время поездки во Францию. Что он и сделал.

Снова Холон

МакБук был великолепен. Но для работы требовалась русская клавиатура вдобавок к английской. Выбора не было, надо ехать в Холон. Адам позвонил в компанию. Ответил незнакомый голос. На стандартный Адамов вопрос, какими языками она владеет, ответ был простой. Только иврит. Но главное он выяснил. Фирма жива и работает. Положив дорогого (во всех смыслах) друга в специальный футляр, а затем в рюкзак, отправился в Холон уже освоенной дорогой. В Тель-Авиве выяснилось, что до следующего через Холон поезда есть час. Раз есть время, можно выпить чашку кофе в большом кофейном баре на втором этаже. За стойкой весёлая группа мальчиков и девочек. Один спрашивает, другой делает, а третий выдаёт.

- Тебе чего?
- Капучино средний, бевакаша.
- В переводе, пожалуйста.

Здесь всё по-взрослому. Это вам не Франция с Италией вместе. Дают малюсенькую чашечку, средней паршивости кофе и водичку в стакане сбоку.

- Платить сюда! Теперь иди туда.
- Имя?
- Адам.
- Твой капучино.

- А где сахар, крышка?..
- Иди туда, - и для особо бестолковых показал рукой.

Адам насыпал сахар, корицу, шоколад и всё размешал палочкой.
- Так, крышка есть. А где салфетки?
- Иди в пункт первый.
- Ну ничего, что немного бестолково. Кофе отменный. Прямо как в «Старбакс».

В Израиле заметно это. Как в Америке! Особенно среди молодых и независимых. Сидят, стоят и лежат где попало. Хороший кофе и классный хайтек. Вечеринки и машины. Мальчики и девочки. Современные, раскрепощённые.

После капучино платформа номер пять. Поезда приходят чётко по расписанию. Народу превеликое множество. Большая часть солдаты обеих полов. Все, абсолютно все с телефонами. Звонят, играют или пишут.

Выйдя на второй станции после Тель-Авива, по совету опытного водителя в своё первое посещение, Адам оказался в месте, ему совершенно незнакомом. Он постоял какое-то время, ожидая такси. Но они проезжали по дороге где-то вдалеке и не думали сюда сворачивать. Делать нечего. Надо идти туда, где они ездят, и там ловить.

Он дошёл до широкой дороги и стал приветственно махать всем проезжавшим такси. Но пока на него никто не желал обращать внимание. Мимо едет пустое такси.
- Стой, стой, тебе говорю!

Такси остановилось, и Адам влез, запыхавшись. Показал адрес, записанный на бумажке английскими буквами.
- Ты американец?
- Вообще да. Но я приехал из России.
- А я работал в Америке. На Брайтон Бич, в кар-сервисе. Это как такси по вызову. Неплохо, но пришлось уехать.
- Не понравилось там?
- Да нет! Неплохо, но без визы американской. Пару раз поймали. Заплатил большой штраф и решил вернуться.

- Понятно. Нелегалам в Америке нелегко.

За разговорами подъехали к нужному месту. В офисе сидела незнакомая девушка. Адам показал своё новое приобретение. С трудом подобрал слова.

- Мне нужен русский шрифт, и я хочу лимонный цвет.

- Лё. Рак лаван. - Это означало, что только белые буквы можно.

Адам осторожно, стараясь не впасть в гнев, принялся втолковывать ей, что он, мол, не в первый раз, вот у него предыдущая с собой, и он хочет такого же цвета клавиатуру. Но она была неумолима.

- Да ты чего? Я пёрся за сотни километров, чтобы поставить буквы лимонного цвета. Я что, непонятно излагаю свои мысли? Начальника позови, женщина!

На шум вышел начальник офиса. Девушка что-то горячо ему втолковывала.

- Ты пойми! Мы не можем поставить лимонные буквы. У тебя клавиатура с подсветкой. Мы можем поставить бесцветные буквы, тогда в темноте ты сможешь видеть клавиатуру и печатать.

- Ты понимаешь... Я встал в 5 утра... Ехал три часа... Я в темноте не печатаю.

- Мы не можем дать гарантию!

- А как же раньше делали?

- Это новый МакБук, дорогой. Надо вынимать каждую букву, гравировать, а потом ставить на место. А если проблема?

- А как же вы раньше делали?

- Лазером вырезали по трафарету.

- А вы знаете, что не всё совпадает с вашим трафаретом, но я могу это пережить. Я хочу цветные буквы. Позовите своего специалиста с Лазарем вместе. Я хочу с ним поговорить.

- Ладно. Я пойду и сам с ним поговорю.

Начальник вернулся через несколько минут.

- Он сказал, что сможет. Приходите через полтора часа. Это будет стоить 300 шекелей. За сложность работы.

От Холона до Нагарии

Есть час свободного времени. Адам перешёл дорогу в направлении, где расположены все дисконтные магазины. Ему был нужен магазин, который торгует спортивными товарами. Он искал спортивный снаряд, который обещает сделать талию тоньше, а пресс мощнее. А то его талию совсем не видать, если, конечно, не сделать огромный вдох и страшно не напрячь все мышцы. Будучи во Франции, он видел такой снаряд на телевидении каждый день помногу раз. Зависть к французам заставила искать такой аналог в Израиле, и Холон казался идеальным местом.

И он не обманулся. В спортивном магазине они стояли. Один повыше, покруче и тяжёлый. Зато другой поменьше, но его явно можно было дотащить до дома. Опробовав и тот, и другой, Адам сделал свой выбор и позвал мальчика в чёрном.

- Вот этот снаряд, но в коробке, и вот этот спортивный мат в придачу. Я оплачу и приду через полчаса.

Довольный удачной покупкой, он походил по обувным, одёжным, хозяйственным и прочим магазинам и вернулся за своей покупкой. К коробке был скотчем прилеплен мат и сделана ручка, для удобства транспортировки.

Тепло попрощавшись, Адам ухватил свою добычу и пошёл выручать от Лазаря свой дорогой МакБук. Своя ноша не тяжела, но эта была нелегка.

Он пришёл слишком рано. Пришлось ждать, пока вынесут его новое дитя.

- Вот твой МакБук. Проверяй!

Адам потыкал по красивым новым клавишам. Всё было славно. Во время оплаты за обрезание, сделанное Мак Буку, Адам попросил вызвать ему такси. Всё шло по плану. Подошедшее такси отвезло его на железнодорожную станцию «Вольфсон».

Адам с трудом влез в дверь вокзала, держа большую коробку впереди себя. Он понимал, как он выглядел в глазах бдительных и нервных израильских охранников.

Они его без тщательной проверки пропускать не хотят.

- Паспорт дай!

- Ой, я случайно забыл дома, но есть водительские права.

- Не пущу. По закону должен иметь паспорт.

- От б…! Ну, забыл я!

- Русский что ли?

- А то, дай пройти.

Касса закрыта, но есть автоматы. Адам понажимал экран, и вышел английский. Дело пошло веселее, и с небольшими затруднениями он получил билет.

Теперь налево или направо? Вопросы, вопросы. Всё на нервах. Не угадаешь - проиграешь.

Поезд вёз его домой. Прощай. Холон. Хороший ты город, но далеко. Поезд был набит до отказа, в основном солдатами, девочками и мальчиками. Хорошо и спокойно.

Гости из Санкт-Петербурга

До переселения в Израиль Адам несколько лет прожил в Санкт-Петербурге и познакомился со многими интересными ребятами. Они привели его в одну из религиозных групп, появившихся во множестве в последнее время. Нельзя сказать, что Адам был очень религиозен, но ему было интересно. Как и большинство людей, он был немного суеверен. Не любил, когда дорогу перебегала чёрная кошка, если приходилось возвращаться срочно домой, забыв какую-то вещь, смотрелся обязательно в зеркало и имел множество других суеверных предрассудков, не обременительных для существования. Поначалу он очень скептически относился ко всем общим чтениям молитв и взываний к Всевышнему. Ему, всегда полагавшемуся только на самого себя, всё происходящее казалось лицемерием и фальшью. Возглавлял эту импровизированную синагогу молодой раввин. Он был умён, красив, понимал юмор и выучил русский. Часто приходила его красавица-жена с тремя прелестными дочурками. Всё это напоминало одну большую и очень дружную семью, приятных людей. Собирались все в священный для евреев день, субботу. После молитвы раввин приглашал всех на трапезу.

Адам, поначалу избегавший столь тесного общения, уходил после молитвы, но постепенно оттаял и стал бывать вместе со всеми. Ребята были в основном молодые, но уже семейные. Справляли все вместе праздники и ездили на гулянья в пригород Санкт-Петербурга. Они жили в этом городе всегда и не хотели никуда уезжать. Адаму, который не скрывал своего желания переехать в Израиль, вероятно, втайне завидовали, но сделать такой шаг лично для себя считали самоубийством. Они были частью этой страны, её культуры, языка и образа жизни. Уехать, эмигрировать в незнакомую среду, начать жизнь практически с нуля для них было немыслимым. Здесь всё. Родные, друзья, среда, профессия. Они здесь нужны. А там? Кому они нужны там?

Адам их понимал. В своё время он прошёл все эмигрантские круги. Он видел многие поломанные судьбы. Да и его собственная судьба тому доказательство. Он очень сдружился с раввином. Тот приглашал его в гости раз в неделю, как и других, составлявших небольшой кружок. Рав Ариэль, будучи сам израильтянином, одобрял желание Адама переселиться в Израиль.

Наступил день отъезда. Друзья пришли к нему попрощаться. За бутылкой хорошего виски прощание прошло тёплым и грустным. Первые годы в Израиле были заняты устройством домашнего быта, знакомством со страной и поисками достойного занятия. Появившаяся страсть к писательству пока приносила одни убытки, но массу удовлетворения.

Раздавшийся телефонный звонок сразу напомнил друзей и воспоминания о Санкт-Петербурге. Это было очень неожиданно.

- Адам! Привет, друг! Это Ариэль. Ты меня не забыл?

- Привет, Ариэль! Конечно, нет. Какими судьбами? Ты в Израиле?

- Да! Я здесь. Хочу пригласить тебя на брит-милу моего долгожданного сына. Ты знаешь, что у меня родился сын?

- Да, конечно! Я это видел в «Фейсбуке» и даже посылал тебе поздравление. Это уже пятый ребёнок в семье! Четыре красавицы-дочери и теперь ещё мальчик.

- Да! Всевышний послал мне сына. Ты придёшь? Я тебя приглашаю!

- Ариэль, а где будет брит-мила?

- В Израиле. Моя жена рожала в Израиле, и я тоже сейчас здесь. Запиши адрес и день, когда это будет. Я буду рад тебя видеть.

- Хорошо, Ариэль. Говори, я записываю.

- Тель-Авив, рядом с железнодорожной станцией «Вольфсон». На следующей неделе в четверг, в 17:00. Центр «Виола».

- Я знаю, где это. Но это не Тель Авив, а Холон.

- Это пригород, но все называют это место «Тель Авив». Я тебя жду!

Они распрощались.

«Надо будет поехать!» — решил Адам. Отказаться от приглашения на церемонию обрезания грех, тем более он никогда на ней не был. Это, наверное, интересно. Место знакомое, уже был там дважды. Только обратно надо будет уехать пораньше. Дорога дальняя, пока доберётся до дому.

В день брит-мила, а попросту обрезания, Адам сидел в поезде и размышлял об обычае, пережившем тысячелетия. Этот дремучий обычай существует у множества народов. Удаление крайней плоти у мальчиков-младенцев должно происходить обязательно на восьмой день от рождения. Вероятно, в те далёкие времена это был гигиенический способ уберечь мужскую часть от различных заболеваний. Сакральный смысл происходящего помогал пережить боль от неизбежных страданий, переживаемых младенцем. Только после обрезания младенцу давали имя. Христиане придумали свой ритуал. Окунание младенца в купель было намного более щадящим. Но у всех свои обычаи. Какая мать не пойдёт на эту муку? А вдруг что-то случится с ребёнком? Она всю оставшуюся жизнь будет корить себя за то, что не послушалась других. А потеря ребёнка - наказание за непослушание.

Эти рассуждения помогли Адаму скоротать дорогу, и он вышел на знакомой станции «Вольфсон» в городе Холоне. Времени было ещё много, и он осматривался в поисках центра под названием «Виола».

«Прямо как некогда любимый финский сыр «Виола»! Да вот же он! На другой стороне улицы. Я что-то больно рано приехал. Ещё час до назначенного времени. Ладно, лучше приехать немного пораньше, чем опоздать!»

Исаак. Брит-мила

Адам подошёл к большому центру. Внизу кроме охранника никого не было, и Адам поднялся на второй этаж. Из большого холла куда-то вело множество различных дверей. Некоторые были открыты, и оттуда доносились шумные голоса и звуки музыки. Адам заглянул в одну из открытых дверей. Там была большая группа людей, празднующих за накрытыми столами. Мужчины были в традиционных религиозных одеждах, чёрные костюмы и чёрные шляпы, несмотря на жаркую погоду. Женщины носили шляпки с вуалями и длинные закрытые платья. Адам попятился от двери, понимая, что он не туда попал. За второй дверью тоже слышались голоса. Адам осторожно приоткрыл дверь. Шум утих, и на него смотрело настороженно множество незнакомых глаз. Эти люди мало чем отличались от тех, кто сидел в первом зале. Адам ретировался.

На третьей двери висела табличка, в которой Адам с трудом разобрал имя своего друга Ариэля!

«Ага! Значит, здесь три банкетных зала, и во всех проходят мероприятия. А почему посреди белого дня и все одеты в религиозные одежды? Ответ понятен. Этот центр, где происходят различные религиозные мероприятия вроде брит-милы. И этот центр принадлежит Любавической общине, в которую входит и мой дружок Ариэль. Я просто пришёл раньше всех, поэтому не вижу никого знакомого».

Из холла широкие двери выходили на большую террасу. Там мальчики и девочки в традиционных чёрных рубашках накрывали отдельно стоящие столы горками тарелок и бокалов на подносах. Сразу около двери стояла выносная стойка бара. Сама терраса была перегорожена на три части. По числу банкетных залов.

Время приближалось к пяти, и стали появляться разрозненные группки людей, которые, как и Адам, бродили из угла в угол, читая надписи на дверях и осваиваясь в ситуации. Ровно в пять часов по-прежнему ничего не происходило, только прибавилось количество людей, явно знакомых друг с другом. Они здоровались, обнимались и общались. Адам, не видя ни одной знакомой души, сел на диван около двери в зал номер 3 и принялся ждать.

Где-то через полчаса появился первый знакомый человек. Адам помнил его по Петербургу, куда тот приезжал поздравить сына с какой-нибудь датой. Это был отец Ариэля. Его сразу окружила толпа знакомых, поздравляя с радостным праздником. Он был бодр, энергичен и тут же навёл порядок. Всех пригласили на террасу, где уже появились закуски и мальчик с девочкой за барной стойкой. На отдельных столах на террасе были накрыты столы с большими ресторанными стальными блюдами, с горящими спиртовками. Народ частично рванул к закускам, а мужчины создали монолитную стену возле барной стойки. Адам, уже поднаторевший в таких делах, потихоньку продвинулся в первые ряды.

- Яин адом! – означало пароль к бокалу красного вина.

Получив этот важный и нужный атрибут любого празднества, полюбопытствовал, чем это кормят народ в таком специфическом заведении. Ассортимент был нехитрый, как и везде. Мясные шарики в томатном соусе, тушёные овощи и наборы для овощных салатов.

Вино было неплохое, но аппетит ещё не сказал своё веское слово. Адам отошёл в сторону и наблюдал за всё прибывавшей толпой. Кто-то тронул его за плечо.

- Адам! Привет! Я рад тебя видеть! – это был его прежний товарищ по Петербургу, Алекс.

- О, привет! Наконец хоть одна знакомая физиономия. Рад тебя видеть!

Они, как водится, похлопали друг друга по плечу.

- Алекс! Ты один или с семьёй?

- Семья осталась в Петербурге. А я приехал в составе целой делегации и нашего города.

- Ничего себе! Только на брит-милу? Это недешёвое мероприятие!

- Это точно! Но Ариэль меня очень просил. Сказал, что это очень богоугодное дело!

- Ну, значит, будет тебе счастье. А где сам виновник праздника? Вернее, отец дитяти.

- Он приехал вместе с нами. Мы все остановились у его родителей. Там большой дом. А ты привёз мне свою книжку? Я же тебя просил. Или ты забыл?

- Нет, не забыл. Держи!

- Вот спасибо! Давай вместе сфотографируемся, а ты не забудь, подпиши мне книгу.

Пока они фотографировались и Адам подписывал книгу, появился Ариэль, окружённый многочисленными друзьями. Они с Адамом не виделись почти три года. Оба были рады встрече, обнимались и хлопали друг друга по плечам. Народу уже набралось столько, что в этой густой толпе было не протолкнуться.

- Адам! Ты уже отдал подарок? – это был Алекс.

- Пока нет. Наверно, при входе в банкетный зал что-нибудь или кто-нибудь будет принимать подарки.

- Я видел, там поставили большой сейф. Пошли положим наши конверты.

Действительно, появился стол с внушительным сейфом и пачкой красивых конвертов, на случай если кто-то забудет приобрести. Народ закладывал банкноты, подписывал слова пожеланий, имя дарителя и опускал в большую щель сейфа.

Закончившие процедуру проходили в обеденный зал, где были накрыты шикарные столы на 10 персон. Судя по количеству столов, народу было очень много. Поскольку это была религиозная церемония и большинство приглашённых относились к Любавическому религиозному движению, в обеденном зале находились исключительно мужчины. Женщины тоже были, но за занавеской. Это сугубо религиозный мужской праздник, и женщинам не полагалось сидеть с мужчинами за одним столом. Мать младенца тоже находилась в женской половине.

В специально отведённом месте проходила церемония обрезания. Брат жены, а, следовательно, дядя младенца, был усажен в специальное кресло. На колени ему положили большую подушку, на которой лежал голенький младенец восьми дней отроду. Неподалёку находился стол, на котором специальный человек, приглашённый совершить обряд обрезания, разложил свои инструменты, молитвенник и бутылку со специальным вином. Перед началом он произносил молитву, которую подхватывала окружающая толпа. Затем произошёл сам торжественный момент. Раздался еле слышный писк младенца, и из женской половины донеслись всхлипывания и плач. Младенцу немедленно оказали необходимую дезинфекцию и помощь, и вся толпа восторженно подхватила благодарственную молитву Господу, принявшему эту жертву. У отца спросили имя, которым отныне можно величать мальчика!

- Исаак!

Торжествующие крики и благословения встретили этот восторженный момент. Уже можно было фотографировать. По указанию отца Исаака младенца передавали с рук на руки, и получившее на несколько секунд — это благословенное дитя было осчастливлено. Песни и молитвы сопровождали каждого нового почётного дитядержателя. Это продолжалось довольно долго, пока наконец дитя не унесли и не отдали измученной всей этой процедурой матери. Была специальная комната, где дитя можно было кормить. Мужчины рассаживались за шикарные столы. Были поданы односолодовое виски и красное вино. Первый тост за Исаака был поднят счастливым отцом. Разносили закуски. Адам понимал, что ему пора идти. Он тихонько попрощался с Алексом и, стараясь быть незамеченным, выскользнул из-за-ла.

Возвращаясь в поезде домой, он не мог не думать об увиденном.

«Жаль, конечно, младенца. Говорят, что до этого момента ребёнок ещё ничего не ощущает. Но раз он плакал, значит, ему было больно. Вообще это кошмарный, жуткий пережиток многовековой религиозности. Жертвы на алтарь веры приносились всегда. Первый на земле еврей, Авраам, мог принести в жертву своего первенца, горячо любимого сына, Исаака. Он был остановлен Господом, предложившим взамен ягнёнка. Разве нельзя, если уж так повелось, заменить обрезание каким-нибудь символическим обрядом?»

В США родителям предлагают в госпитале сделать обрезание ребёнку мужского пола. Может, из опасения, что это произойдёт в менее стерильных условиях, а может, это действительно уменьшает риск заражения лиц мужского пола? Говорят, какое-то племя в Африке проводит процесс обрезания, но для женщин. Человечество существует тысячелетия, но суеверия и религиозные догмы живы и так же сильны и сегодня!»

Кейсария - Цезария

Началось, как это всегда бывает, с телефонного звонка.

- Алло! Адам?

- Да! Привет, Лена!

- Да, это я! Ты говорил, что хочешь посмотреть Кейсарию! Есть группа на эту субботу. Хочешь поехать?

- Вообще-то да, хотя сейчас очень жарко.

- Ну чего ж ты хочешь? Мы живём в Израиле!

- Я помню! А во сколько и где сбор?

- Эта не моя группа. Выезд из Кармиеля, но у меня есть женщина, которая туда едет. Вернее, её везёт сын. Они могут тебя забрать из дома в 6:55 утра.

- Ого! А чего такая точность? Мы что, на поезд опаздываем?

- Нет. Но есть такие люди. Они любят точность. Так ты едешь? Группу везёт моя коллега из Кармиеля, Валя! Большой комфортабельный автобус.

- Ну хорошо. Суббота всё равно день пропавший. Дай им мой телефон.

- Хорошо, Адам! Договорились! Отдашь Вале 190 шекелей.

- Я бы сказал, что недешёвая экскурсия!

- Да это потому, что там платные два входа. Вы побываете в Парке Кейсарии, потом Парк роз, барона Ротшильда, а затем Парк орхидей «Утопия»!

- Ясно! Ладно, договорились.

Адам давно хотел побывать в Кейсарии. Лена владела туристическим агентством в городке, где жил Адам. Она занималась экскурсиями по Израилю, и он давно говорил ей, что хочет посмотреть Кейсарию (так называют этот город на иврите). Он был создан более двух тысяч лет назад Иродом Великим и назван в честь Римского Цезаря Августа, Цезарией. Особенности правописания на иврите превратили это имя в Кейсарию. Ирод, сын Антипатра, тогда ещё не был великим. Он не был евреем по происхождению и, если бы не помощь римлян, никогда бы не стал правителем Иудеи. Его отцу, хитрому интригану, Иудея обязана вторжению римлян, призванных на помощь для разрешения конфликта наследников на престол. Римлянине пришли и остались править Иудеей на долгие 300 лет. Ирод, то-гда ещё молодой человек, подружился с одним из римских правителей, Марком Антонием. Досужие языки утверждали, что это была не просто дружба. Развращённые нравы римского общества могли предполагать всякое. Как бы то ни было, Ирод вернулся Прокуратором Иудеи, пообещав собирать большие налоги.

Народ Ирода не любил. Мало того, что он не был евреем, собирал увеличенные налоги, но ещё и попирал священные законы, вводя римские обычаи, и строил города с римскими символами и для римского образа жизни и развлечений. Он был жестокий правитель и вызывал всеобщую ненависть.

Место для строительства порта и города было выбрано на каменистом берегу Средиземного моря. Это был пустынный берег со старым, развалившимся строением под названием башня Стратона. Поверить, что там можно создать порт и город, мог только сам Ирод. У него было видение и умение создавать немыслимые по тем временам грандиозные проекты. Он строил города, порты, крепости и построил заново Второй Храм на месте Первого Соломонова Храма.

На том месте, где находились руины Стратоновой башни, основали свой посёлок финикийцы. Персы захватили эти земли за 570 лет до новой эры. Иудейский царь Александр Яннай завоевал землю, где стояла Башня Стратона, за 100 лет до н. э. И присоединил к Хасмонейскому царству, Иудее. Но через 40 лет пришедшие римляне отвоевали эту землю. Башня

Стратона была подарена Ироду. Последний построил большой город и порт, назвав его Кейсарией. Это было на рубеже новой эры.

Для того времени такое грандиозное сооружение, созданное всего за 12 лет, казалось не менее грандиозным, чем создание египетских пирамид. Понятно, что при создании, города и порта погибло множество людей. Если вспомнить создание Санкт-Петербурга Петром Великим через 1700 лет, положившее множество человеческих жизней, можно представить, каковы были масштаб и сложности при сооружении порта и города. Был создан волнорез из огромных блоков, вывезенных в море и уложенных на морское дно. В городе, помимо прямых улиц с пересекающимися переулками, были созданы общественные бани, общественные туалеты, центральный храм и величественный царский дворец. Городу нужна была вода, и был проложен акведук, по которому в Кейсарию доставлялась вода. Огромный театр и ипподром украшали мраморные скульптуры. Мрамор привозился из Италии и Греции. Порт Кейсарии принимал многочисленные суда, привозившие товары. Кейсария была римским городом. Там жили римские прокураторы Иудеи. Среди евреев постоянно происходили брожения и недовольства, связанные с нарушением еврейских религиозных законов. Создание статуй, различных изображений людей или животных запрещалось заповедями Торы. Это воспринималось как кощунство и привело евреев к восстанию против римского владычества. Восстание было подавлено. Его главные зачинщики во главе с Бар-Кохбой были казнены.

Без пяти минут семь Адам вышел из дома. На улице стояла машина, явно поджидавшая его. Мужчина, сидевший за рулём, замахал рукой.

- Адам? Иди садись, поехали быстрее.

- Здравствуйте! Спасибо, что согласились меня подвезти.

Помимо мужчины за рулём, в машине рядом с ним сидела пожилая женщина.

- Мы с бабушкой уже пять минут здесь стоим.

- Извините, я не знал. Я мог выйти раньше.

- Ладно, едем.

- А во сколько отходит автобус от Кармиеля?

- В 8:30, - ответила бабушка.

- Так у нас полно времени. Ехать нам минут 15-20. Как я понял, ваша бабушка едет на экскурсию.

- Вообще-то она моя мама. Дети зовут её бабушка, ну и мы с женой так же.

- Прошу прощения. Как я понял, вы недавно в Израиле?

- Я 12 лет, а вот бабушка приехала погостить.

Адам обратился к бабушке:

- Понятно. Как вам здесь? Не хотите переехать к детям на постоянно?

- Я-то хочу, но мне не разрешают здесь остаться.

- Какая дикость! Дети здесь, внуки здесь, а вам нельзя?

Все помолчали, каждый по-своему переживая сказанное. Адам на заднем сиденье откинулся на спинку и размышлял о несправедливости людских законов. Водитель что-то постоянно рассказывал своей маме, называя её бабушкой. Было плохо слышно, но Адам не стремился участвовать в чужих разговорах. Автомобиль взобрался на гору и теперь по крутой дороге мчался на приличной скорости, спускаясь вниз, в ущелье между двумя горами. Как и большинство водителей, Адам относился критично к тем, кто сидел в данный момент за рулём. Ему казалось, что водитель очень неосторожно ведёт машину, не сбавляя на опасных виражах, и при этом, размахивая одной рукой, показывал на природные красоты бабушке-матери.

«Следил бы лучше за дорогой! - раздражённо думал Адам. - Ты посмотри, опять еле вписался в поворот. О, чёрт! Следи за дорогой, болван!»

Все эти внутренние монологи произносились во время движения. Вдруг водитель решил пообщаться с Адамом.

- А ты знаешь, где тахана мерказит в Кармиеле? Справа или слева при въезде?

- Как въезжаешь, с правой стороны.

- А мне кажется, с левой.

Адаму не хотелось его раздражать. И так ведёт машину, как ненормальный!

- Мне кажется, что справа. Скоро уже приедем. На месте разберёмся.

Вскоре они подъехали к въезду в Кармиэль.

- Адам! Ты прав. Въезд справа. А мне казалось, что слева.

- Такое бывает. Главное, что доехали.

Водитель повернул к въезду на площадь тахана мерказит. Так в Израиле назывались центральные городские автобусные вокзалы. Предполагалось ехать прямо и по кругу, въезжать на площадь, где располагались многочисленные остановки. Это был пересадочный узел, ведущий в множество городов страны.

Но водитель вдруг решил круто свернуть направо и через несколько метров упёрся в знаки, запрещающие въезд.

- Это как же теперь ехать! Понаставили знаков, не проедешь!

- Наверное, надо было ехать прямо и по кругу выехать на площадь. Может, сдать назад, а потом повернуть и ехать прямо?

Водитель, осознавая свою оплошность, стал сдавать машину назад. Сзади раздался резкий звук сигнала, и мимо них, вильнув, проехал большой пассажирский автобус.

- О, чёрт! Откуда он взялся? Чуть в зад не влепил!

Адам молчал, понимая, что сзади сидит он сам.

- Давай я вылезу и посмотрю, пока ты разворачиваешься.

- Сиди, сиди! Сейчас развернёмся. Я же профессионал.

- Да я не сомневаюсь. Просто хотел помочь.

Машина развернулась. Они проехали по кругу и остановились на абсолютно пустой площади. Была суббота, а это значило, что никакой общественный транспорт не работает.

- А где же наш автобус? Вообще-то ещё рано. У нас ещё есть минут 10.

- Вот и хорошо, Адам! Мы лучше подождём здесь.

- Автобус, который чуть в нас не врезался, остановился внизу. Пойду узнаю, вдруг это наш!

Адам спустился по насыпи на нижний ярус. Дверь автобуса была открыта, и оттуда не выпорхнула, но медленно и осторожно вышла женщина.

- Вы Андрей?

- Нет, я Адам.

- Ой, да, вы Адам! Я перепутала. А где Люда? Она с вами?

- Это, наверное, женщина, с которой мы приехали. Я её сейчас позову!

Пока Адам карабкался наверх, на автобусную площадь въехала полицейская машина. Она остановилась неподалёку, и сидевшие в ней двое полицейских что-то строго выговаривали на иврите удивлённо смотревшему водителю. Адам, с большим трудом окончивший курсы языка для иммигрантов и запомнивший мало слов, понял, что стоять здесь запрещено. Сын, привёзший маму-бабушку и Адама, не мог взять в толк, чего от него хотят представители власти.

- Слушай! Они говорят, что здесь стоять нельзя, надо уезжать. Наш автобус внизу.

- Хорошо, хорошо! Я всё понял. Я уезжаю, - на чистом русском языке извинился водитель перед полицейскими. - Бабушка, я за вами приеду!

- Вы Люда? Идёмте вниз. Там наш автобус, - обратился Адам к спутнице.

- Пойдёмте, Адам. Я так испугалась, когда приехали полицейски.

- Они просто говорили, что там стоять нельзя. А ваш сын не владеет ивритом?

- Моя невестка хорошо говорит. И внуки мои тоже разговаривают, а сынок всё время работает. Когда ему учиться. Он работает с русскими ребятами в бригаде строителей. У него золотые руки.

У автобуса их ждала организатор тура, Валя.

- Здравствуйте, Лена! Я Валя. Заходите в автобус, занимайте места, и мы едем собирать остальных туристов. Хотите впереди? Садитесь, садитесь!

- А я пойду дальше. Я люблю сидеть в конце автобуса. Вам, когда деньги отдавать? Сейчас или вы подойдёте?

- Проходите, Адам. Садитесь. Я к вам подойду.

Автобус тронулся и стал останавливаться в местах, оговорённых заранее. Туристы заполняли свободные места, и вскоре автобус был полон. Раздался характерный шорох при включении микрофона.

- Здравствуйте, дорогие туристы. Я Валя! Те, кто со мной уже ездил, меня знают. Среди нас много гостей из России. Я рада вас всех приветствовать на земле Израиля. Нам с вами предстоит прекрасная экскурсия на сегодня. Сейчас мы едем в Хайфу, где нас ожидают ещё несколько туристов и наш гид, который и будет нам рассказывать и показывать те достопримечательности, которые запланированы на сегодня. А пока, пожалуйста, приготовьте оплату за тур. Я ко всем подойду. Пожалуйста, не беспокойтесь!

Автобус въехал в Хайфу и стал взбираться вверх по дороге. Улицы были пустынны, и вскоре они доехали до назначенного места встречи. Этот район считался центральным и назывался Адар. Когда-то цветущий район города теперь казался запущенным и даже опасным. Адаму говорили, что район захвачен наркоманами и пребывание в нём небезопасно. В автобусе появились высокий мужчина и две женщины. Захрипел микрофон.

- Уважаемые туристы! К нам присоединился наш гид, Андрей. И наши последние туристы. Передаю микрофон Андрею.

- Всем привет! Я буду вашим гидом на всём протяжении нашего тура. Нам предстоит посещение Кейсарии, построенной Иродом Великим. Вторая остановка - парк роз Ротшильда, и, наконец, третья остановка - парк «Утопия».

Сегодня у нас смешанная группа. Те из вас, кто был со мной на экскурсии в Моссад, знают об Ироде Великом многое из того, что я рассказывал. Наши гости из России, вероятно, хотели бы узнать об Ироде Великом побольше. Я постараюсь не повторяться, а если кому-то станет неинтересно, будьте терпеливы. Ирод Великий получил право быть прокуратором Иудеи из рук Марка Антония. Говорят, что любовница Марка Антония, Клеопатра, тоже претендовала на права над Иудеей, но Марк Антоний предпочёл Ирода.

Последний всегда и не без оснований подозревал различные заговоры и именно поэтому развернул строительство на древней горе-крепости Моссад. Вы помните, какие там были устроены хранилища для сбора воды, запасов продовольствия и условия проживания для тысячи человек. Там он прятал свою семью во время опасности. Ирод был другом и верным соратником Марка Антония, а когда последний потерпел поражение от Октавиана Августа и покончил с собой, а за ним и Клеопатра, то все были уверены, что Ироду пришёл конец. Октавиан Август стал первым римским императором. И Ирод был вызван на расправу. Все ждали его казни, но он вернулся в Иудею ещё более могущественным. Он сумел доказать Цезарю, что он верный друг и будет теперь верно служить императору.

Кейсария, порт и город, был создан в честь Октавиана Августа так же, как Тверия в честь императора Тиберия. Ирод был верным союзником и вассалом Рима, и всё, что он создавал, не считая Второго Храма, было создано для прославления Рима и его образа жизни. Мы скоро будем на месте. На улице жарко, не забывайте взять с собой воду и головные уборы. Нам предстоит пешая прогулка по национальному парку Кейсария. Это большое открытое пространство восстановлено из материалов, найденных на месте раскопок. Выходим из автобуса и собираемся у входа в музей. Наша экскурсовод Валя покупает билеты, и мы проходим внутрь. При входе есть туалеты. Кто хочет, может немного отдохнуть. Нам нужно многое посмотреть, поэтому не расслабляйтесь и идите за мной и не отставайте.

Вскоре все собрались и двинулись к первому сооружению, которое представляло приподнятую площадку с несколькими мраморными фигурами.

- Если вы помните, я рассказывал, что мрамор привозили из Италии или Греции. Всё, что вы увидите, найдено при раскопках в Кейсарии. До Ирода здесь были финикийцы, затем был эллинистический период.

- Вы хотите сказать, греческий период, - блеснула знаниями одна из туристок.

- Нет. Именно эллинистический. Это произошло после войн Александра Македонского. Он был македонец, а не грек. После его смерти произошёл раскол между его наследниками. Иудея и Сирия отошли к династии Селевкидов, а Египет - к династии Птолемеев. При сирийском правителе Антиохе четвёртом появились запреты на любые религии, кроме государственной. В еврейском храме приносили в жертву свиней, что в конечном итоге привело к восстанию и изгнанию греков из Иудеи.

Гид был загорелым до черноты, говорил и двигался быстро и резко, не обращая внимания на стоны и причитания бегущих за ним под палящим солнцем в 30-градусную жару. Народ в группе был разным. Молодые и не очень. В подавляющем большинстве в возрасте, упитанной комплекции. На все просьбы замедлить стремительное передвижение от объекта к объекту гид немедленно соглашался, но уже через минуту бежал впереди всех к следующему памятнику старины.

- Мы сейчас пойдём вдоль побережья Средиземного моря, где Ирод построил морской порт. При строительстве волнореза применялся так называемый римский бетон. Материал под названием пуццолан привозился из Италии. На берегу создавали полые формы, загружали камнями, известью и пуццоланом. Эти относительно лёгкие формы вывозили в море. При заполнении морской водой материал застывал, как бетон, и погружался на морское дно. Южный мол протяжённостью 500 метров и северный мол в 275 метров. Волнорез отгородил бухту и послужил основанием для создания внутренней гавани, частично выкопанной, она служила прибежищем судам, попавшим в штормовую погоду. Царь Ирод построил свой дворец на рифе, выдающемся в море. Дворец был из двух уровней, с мозаичными полами и бассейнами.

Было реально жарко. Адам, как обычно, собираясь в длительную поездку, готовился накануне. Небольшая коробочка с сухофруктами и орехами. Одежда и обувь, которая подходит к предстоящей поездке, и, как обычно, всегда что-нибудь забывал. В этот раз он долго обдумывал, какой головной убор будет удобней. Выбор был между знаменитой шляпой с широкими полями или пляжной адидасовской кепкой. Выбор был сделан в пользу кепки, но он забыл и её. Экскурсовод Валя не преминула это отметить.

- Адам! Где ваш головной убор и вода?
- Головной убор забыл, а вода в автобусе.

Шустрый гид обогнал группу и взобрался на большой камень.

- Сейчас мы погуляем по городу. Правильнее было бы сказать, по тем остаткам, которые удалось восстановить при раскопках. Под улицами города располагалась целая система сточных каналов. В центре города находился храм, посвящённый Октавиану Августу, с величественной статуей последнего, не уступающей олимпийскому Зевсу. Смотрите на остатки мозаичного пола. Город был идеально спланирован. Центральный рынок, общественные бани, общественные туалеты. Римляне были чистоплотными для своего времени. Они брились. В общественных туалетах пользовались специальными губками. Бумаги тогда, как вы сами понимаете, не было.

От города Кейсарии остались только восстановленные руины. Никаких строений, естественно, не было, но контуры зданий были видны, отмеченные каменными блоками. Гид шустро перепрыгивал с блока на блок, а за ним, но не так шустро, поспевали отдельные туристы. Те, кому было не до прыжков, обречённо брели по каменюкам. Выбора особого не было. Весь город был под ногами в виде архитектурных раскопок.

- Вот видите? Здесь были общественные бани. Вот здесь разжигали огонь, тёплый воздух согревал здание и подогревал воду.
- Смотри ты, как хитро задумано, - поразился один из туристов.
- Да. Очень хитро. Подумайте только! Более двух тысяч лет назад. А сейчас пойдёмте знакомиться с общественными туалетами.

Гид, перепрыгивая с камня на камень, ждал туристов у следующей экспозиции. Вдоль каменной стены было сооружено нечто, похожее на длинную каменную скамью. Сиденья из каменных блоков были уложены так, что между ними были неширокие просветы.

- Вот видите? Так были устроены общественные туалеты. На них, в отличие от сегодняшних стульчаков, было очень удобно сидеть. Можно было сидеть хоть целый день. Внутри текла вода, так что запахов не было. Люди общались и не испытывали неудобств. Тогда не было женских и мужских отделений. Юнисекс. На стенах висели плетёные мочалки, которыми пользовались после туалета.

- Чё-то я не пойму! Они чё, все вместе сидели, да ещё разговаривали?

- Для нас, современных людей, может, эта культура и не совсем понятна. Но для римлян была весьма привычна.

- Фу! Это ужасно, - расстроилась одна из пожилых дам.

- Ладно, господа! Из песни слова не выкинешь. Мы идём на ипподром.

Туристы вслед за гидом вышли за городскую черту и оказались на большом песчаном поле.

Справа плескалось о каменный берег Средиземное море, а слева шёл длинный древний амфитеатр. Каменные ступени спускались к песчаному полю. В некоторых местах в каменной кладке виднелись просветы.

- Мы с вами находимся на ипподроме. Он же амфитеатр. Здесь проводились различные соревнования. В длину это двести пятьдесят метров и пятьдесят в ширину. Соревнования на колесницах, различные спортивные игры, бои гладиаторов, а также игры с дикими зверями. Сам амфитеатр был построен на десять тысяч зрителей. Видите, проёмы в каменной кладке? Возможно, это были выходы к конюшням. Зрелище на берегу моря было грандиозным. И мы с вами направляемся к последнему нашему объекту в Кейсарии, театру!

Всё в таком же быстром темпе, туристы бежали вприпрыжку, пытаясь догнать неутомимого гида.

- Театр царя Ирода является древнейшим театром, обнаруженным на территории Израиля. Он двухъярусный, и можно посадить одновременно четыре тысячи зрителей. Широкая сцена была восстановлена и покрыта штукатуркой, напоминающей мрамор. Задник широкой и глубокой сцены оформляли высокие, в три этажа колонны. Они опирались на стену и служили декорацией для сцены.

- Скажите, а сейчас тоже театр используется по назначению?

- Да, конечно. Я однажды даже был на одном из концертов. Зрелище на фоне моря феерическое. Но я не смог дождаться конца и ушёл.

- А что случилось? Вам не понравилось представление?

- Не в этом дело. Когда ты сидишь, то в спину упираются ноги сидящего выше тебя, а каменные скамейки настолько жёсткие, что у меня всё занило. Мы выходим из парка Кейсарии. Кто хочет воспользоваться туалетом, вперёд! Собираемся у выхода через пятнадцать минут, идём к автобусу.

Туристы, разомлевшие от жары и уставшие бегать за неугомонным гидом, повалились на бесчисленные скамейки, стоявшие в тени при выходе из парка Кейсарии. Но тень не спасала от нагретого воздуха.

- Пошли лучше в автобус. Там хоть мазган работает.

Эта здравая мысль придала заряд бодрости исстрадавшемуся народу, и все с неожиданным проворством взбирались в спасительную прохладу автобуса.

Экскурсовод Валя пересчитала собравшийся народ.

- Все на месте? Наша следующая остановка - Парк роз Ротшильдов. Хотите ехать прямо туда? Или мы можем сделать небольшую остановку, и вы сможете перекусить? Учтите, у нас ещё будет обеденный перерыв, так что мы можем ехать прямо в парк.

Голоса проголодавшихся заглушили голоса всех несогласных.

- Да, да! Давайте немножко покушаем, - выразила всеобщее желание весьма габаритных размеров тётя. Её тело требовало подбросить угля в топку.

- Значит, едем на перекус? Но недолго. Минут двадцать, не больше.

Автобус недолго покрутился и подъехал к площадке, оборудованной для пикников. Там были столы со скамейками, баки для мусора и сторож в униформе для порядка. Народ, подхватив баулы и котомки, радостно высыпал наружу.

- Друзья! У нас есть двадцать минут. Сорить нельзя, бросать можно только в мусорные баки, на траве не валяться и кусты не ломать.

Люди, понимая, что время ограниченно, а съесть хочется как можно больше, поспешно выгружали варёные яйца, бутерброды с копчёной колбасой и прочие деликатесы, пережившие тридцатиградусную жару. Опытные люди открывали молнии на специальных коробках, где могло храниться продовольствие в свежем виде долгое время, несмотря на жару.

Адам скромно открыл пластмассовую коробочку с орешками и сухофруктами. Бутылка с уже тёплой водой довершала небольшой перекус. Время пролетело мгновенно. Народ неохотно отрывался от столь привлекательного занятия и поспешно кусал то, что съесть уже не успевал.

Парк роз барона Ротшильда

Автобус тронулся, направляясь к следующей цели путешествия, парку роз барона Ротшильда. В автобусе зазвучал голос гида:

- Итак, мы едем на экскурсию великолепного Парка роз. Барон Ротшильд, похороненный в этом парке вместе с супругой, Аделаидой, были верными поклонниками Израиля. Они финансировали многочисленные проекты в стране.

Предок династии Амшель Мозес Бауэр в детстве подружился с наследником Гессенского дома, Францем. Подросший Амшель Мозес Бауэр владел ювелирной мастерской и занимался обменом валюты и торговлей золотом. Фамилия Ротшильд появилась из-за красной эмблемы щита на вывеске мастерской.

Красный щит, на немецком Rothchild, стал фамилией династии. Вовремя наполеоновских войн в город, где жила семья, вошли наполеоновские солдаты. Франц второй, убегая от врага, попросил друга, Амшеля Мозеса, спрятать фамильные драгоценности. Ворвавшиеся в город солдаты потребовали от Амшеля Мозеса выдать все ценности, угрожая, в противоположном случае, убить всю его семью. Амшель Мозес подчинился и отдал всё, что у него было. Когда враг был разбит и австрийцы вернулись, Амшель Мозес вернул все доверенные ему драгоценности — единственное, что он не отдал французам. В 1816 году император Австрийской Империи Франц второй пожаловал Ротшильдам баронский титул.

Сын Амшеля, Майер Амшель Ротшильд, стал основателем династии. У него было пять сыновей: Майер, Соломон, Натан, Калман и Джеймс. Отец разослал сыновей в пять крупнейших столиц Европы. Так была основана империя Ротшильдом. Барон Эдмон де Ротшильд был покровителем еврейского поселенческого движения в Палестине. Он выкупал участки земли и помогал бежавшим от погромов в России евреям переселяться в Палестину. Ротшильд давал деньги Еврейскому колонизационному обществу и был его президентом. Он же поддержал создание Израильского государства.

Зихрон-Яков

- Друзья мои! Мы приехали в Парк роз. Барон Эдмон де Ротшильд на выкупленном большом участке земли создал удивительный по красоте парк. Согласно завещанию, в этом парке были захоронены в усыпальнице его останки и жены Аделаиды. Он назвал это место Зихрон-Яков в честь отца - дословно «в память о Якове»! К сожалению, мы не сможем посетить усыпальницу. Вход в неё в последнее время закрыт. Но мы сможем полюбоваться прекрасным парком и увидеть, и понюхать большое количество специй, высаженных на специальной площади, которую также называют Площадью слепых.

- Откуда такое название? - выкрикнул кто-то из туристов.

- Наверное, такое название дали, потому что слепые не могут эту красоту увидеть, но смогут нюхать. А сейчас все выходим из автобуса и проходим в парк. Вход бесплатный, поскольку так хотел барон Ротшильд.

Туристы выпархивали из автобуса и проходили в ворота парка.

- Друзья мои! Все собрались? У нас запланирован час времени на экскурсию по Парку роз. Говорить здесь особенно нечего. Мы с вами ходим, любуемся парком, смотрим вид на долину и получаем заряд бодрости и красоты. Через час собираемся в автобусе и едем на обед. Я думаю, минут 30-40 нам хватит. Затем отправляемся на нашу последнюю экскурсию на сегодня, парк «Утопия». Согласны?

Нестройные голоса:

- Согласны!

- Тогда не торопясь гуляем по парку и любуемся его красотами.

Гид шёл впереди. Народ нестройными рядами двигался за ним. То тут, то там слышались восторженные восклицания и ахи.

- А ты видела эту красоту? У меня есть дома нечто подобное, но здесь это просто волшебное какое-то!

- А ты посмотри сюда! Розы белые, фиолетовые! А вот вообще чёрные!

Женская часть млела и восторгалась. Мужчины кивали головами в знак согласия и со значительным видом обнюхивали розы. Парк был огромный и невероятно красивый. Его безупречно спланировали, и было понятно, что здесь трудится много народу.

Адам догнал гида.

- Могу я у вас спросить? За вход денег здесь не берут. Народу, как я понимаю, тут трудится немало. Кто всё это оплачивает?

- Барон Ротшильд задолго до своей кончины создал специальный фонд для поддержания Зихрон-Якова в надлежащем порядке. Фонд небедный, имеет свой устав и, согласно завещанию барона Ротшильда, распоряжается всем здесь.

- Фонд - это понятно. Наверное, за все эти годы фонд неплохо заработал.

- Как все крупные фонды, они не трогают основной капитал, а даже наоборот. Разумно инвестируют в надёжные и гарантированные инструменты. Есть совет директоров из очень известных и порядочных людей, они всё и решают.

Туристы подошли к круглой площади, где были высажены различны травы, более известные как специи. Адам пошёл по кругу, рассматривая различные травы и принюхиваясь к ним. Около каждой посадки была воткнута в землю небольшая табличка с надписью на трёх языках, указывающая, какая травка здесь посеяна.

Адам незаметно отрывал небольшой лепесток и, растерев между пальцами, нюхал, стараясь определить растение. Там росли несколько сортов базилика, два разных орегано, тимьян, мята, лавр, розмарин, бадьян, лаванда и множество других трав, о которых он даже не слышал. Туристы делились впечатлениями, так же стараясь незаметно отщипнуть листочек и обнюхать. Каждая трава-специя росла не в единственном экземпляре, а по два и три вида.

Адам боролся с естественным желанием нащипать всё, что

здесь растёт, и умыкнуть домой. А там уже готовить, добавляя во все блюда.

- Друзья! Давайте потихоньку выдвигаться к выходу. Поедем обедать?

Дружный хор голосов выразил всеобщее согласие.

Парк «Утопия»

Прежде чем познакомиться с парком «Утопия», группа отправилась в местечко «Желание». Оно было прозаичным и очень человечным. Поесть чего-нибудь, кому что Бог послал. А послал он всем разное. Это выяснилось на ближайшей остановке. Автобус заехал на большую заправочную станцию, где располагалась большая зона для желающих пополнить свои истощённые энергетические запасы. Несколько зон, как внутри кафетерия, так и снаружи, для тех, кто любит погорячее. На улице было реально жарко, и Адам зашёл внутрь. Там было два зала с длинными прилавками, за которыми мальчики и девочки варили кофейные напитки, отпускали разные булочки, сэндвичи и различную воду в бутылках.

Многочисленные автобусы подвозили свежих едоков, но ещё больше было людей, проезжающих это место на своих автомобилях. Это была центральная трасса, и два абсолютно идентичных острова, стоящих по обе стороны шоссе, заправляли людей и автомобили. Шерутимы, то есть места для обслуживания, тоже изобиловали очередями страждущих путешественников. Адам, отдав должное месту для обслуживания, пристроился к живой очереди в кассу. Шустрая девочка, покрикивая на бестолковый народ, требовала заказ, затем оплату, а затем оттоняла к следующей девочке или мальчику на линии.

Адам приготовился быстро, по-армейски отвечать на вопросы.

- Что тебе? - на иврите нет слова «вы», поэтому все просто, без затей тыкают.

- Большой капучино.
- Имя?
- Адам.
- 22 шекеля.

Адам расплатился, получил чек со своим именем и передвинулся к следующей очереди. Там девочка и мальчик в поте лица своего трудились над заказами, которые у них тоже печатались, как копии, при любом заказе. Они были сосредоточенны и действовали как заведённый механизм. Они выхватывали из печатного устройства очередной заказ, с поражающей быстротой его выполняли, ставили на прилавок, выкрикивая имя, пропечатанное в заказе.

Смотреть на них было любо-дорого. Поток страждущих не иссякал, а они продолжали на той же скорости, не снижая темпа, выполняли заказы с точностью чёткого механизма. По залу мелькало ещё множество мальчиков и девочек. Они убирали за неряхами, пополняли запасы воды, всяких причиндалов для чая и кофе, салфеток бумажных и всего остального.

- Адам?
- Я!

Он получил большую чашку, полную до краёв белой пенкой, и осторожно направился к стенду, где хранилось всё необходимое для кофе и чая. Израильтяне часто хвастливо говорят, что вот у них, мол, «Старбакса» нет. Последний произвёл революцию в кофейном мире. Его копируют во всех деталях, от названий ассортимента и приготовления до подачи и упаковки. Израиль не является исключением. То, что все приличные кофейни являются, как говорят американцы, «копикет», то есть точная копия, сомнения не вызывает. Адам подошёл к стенду, на котором хранились крышки для чашек всех размеров, палочки для размешивания, салфетки, сахар в пакетиках, корица и шоколад в порошке. Адам добавил всего понемногу и, закрыв кофе крышкой, нашёл место за пустым столом. Он вытащил коробочку с остатками сухофруктов и орехов и принялся за свой обед. Время ещё было, и он, прихлёбывая кофе, осматривал столы, где серьёзная публика серьёзно откушивала. В ход шли домашние заготовки в виде котлет, салатов и приличных бутербродов. Жёны заботливо подкладывали беспечным мужьям лучшие куски. Видя, что всё идёт хорошо, они могли и себя побаловать чем-то вкусненьким. От всех этих путешествий аппетит разыгрывается не на шутку.

У всего, даже самого приятного, наступает конец. Да и время, отведённое на перекус, заканчивается. Мужчины уходят на улицу курить и обменяться впечатлениями. Хлопотливые жёны заворачивают специальные коробочки до следующего раза. Народ потянулся к автобусу.

- Все собрались? Надеюсь, вы подкрепились и готовы к нашей следующей и последней на сегодня остановке, парк «Утопия»!

Автобус вырулил на шоссе и двинулся на север.

- Друзья! Немного про парк «Утопия». Его ещё называют Парком орхидей. Мы побываем в тропическом лесу - дождевой лес, тысячи редчайших орхидей, тропические растения, утёсы, водопады, бассейны, холмы и мосты. Вы сможете увидеть открытый сад, где расположен водоём с музыкальными водяными фонтанами. Мы увидим разнообразных тропических рыб в открытом бассейне, живых попугаев, хищные растения, черепах и райских птиц. Экскурсовод там не нужен. У вас есть полтора часа на то, чтоб всё посмотреть. Там можно приобрести любые растения и цветы, а также всё для цветов. Мы подъедем, экскурсовод Валя приобретёт для всех билеты, и мы встречаемся у входа через полтора часа. Приятной прогулки!

Адам вслед за толпой двинулся ко входу в парк «Утопия». Валя выдавала всем входные билеты, а гид - брошюрки на русском языке. Вообще в Израиле два официальных языка, иврит и арабский, но во всех туристических местах были рекламки на русском. Сразу за входом находилось громадное помещение, где были бесчисленные стенды с различными товарами для любителей садово-ландшафтной архитектуры. Тысячи горшков всех форм и размеров. От миниатюрных до огромных, которые один человек утащить не в состоянии. Всевозможные настенные, напольные и подвесные украшения и орнаменты. Дальше располагались всевозможные цветы, включая орхидеи. Рассады в горшочках и в семенах. Как выяснилось, парк «Утопия» расположен в кибуце, Бахан. Он-то и занимается выращиванием и продажей всех диковин.

Народ двигался дальше, фотографируя и живо обсуждая, что у кого уже есть и что необходимо приобрести, но уже при выходе. Первым местом, куда все попадали, пройдя через тёмный коридор, был тропический лес с водопадом и большим озером посередине. Сверху свисали лианы и летели брызги от водопада. Они попали в тропики. Было душно и влажно. В большом водоёме плавали разноцветные большие рыбки, а на большом камне сидели два бронтозавра. Вволю нащёлкав удивительных видов, народ двигался дальше, следуя указаниям начертанных стрелок. Весь это огромный парк был разбит на несколько зон. Повсюду росли удивительные орхидеи всех расцветок и форм. Адам увидел гида, фотографирующего орхидеи, приближая аппарат к самим цветкам. Впрочем, многие делали то же самое. Адам поснимал наиболее неожиданные формы и раскраски цветов.

Проспект предлагал 53 остановки. Было понятно, что за отведённое время всё осмотреть невозможно. Адам выбрал самые интересные для себя и двинулся на поиски самых удивительных орхидей. Ванильные действительно пахли ванилью, другие поражали причудливыми формами и красками. Женщины млели и таяли от восторга, не в силах устоять перед дивной красотой. Адам долго искал указанную тропу специй, но так и не нашёл. Зато он увидел всяких райских птиц и здоровенных попугаев, удивительные бананы и хищные растения.

Брошюрка предлагала посмотреть на улице музыкальные фонтаны и классический лабиринт. Адам побродил по розовому саду, полюбовался на рыб и черепах, но позорно бежал обратно в тенистый, хотя и душный тропический лес. На улице было настоящее пекло. Он забыл свою шляпу или кепку и чувствовал, что лицо и шея прилично подпеклись.

Адам вернулся в большой зал, откуда начиналась экскурсия. Там стоял здоровый вентилятор на толстенной ноге. К нему был подсоединён шланг от бочки с водой. Вентилятор шумел метровыми лопастями и разбрызгивал прохладную воду. Адам пристроился на скамейке, ожидая свою группу.

Первым появился высокий крупный мужчина, держа на вытянутых руках большую орхидею. Было ясно, что он выполнял чей-то заказ. Орхидея не дешёвый цветок. Потом стали появляться женщины, несущие к кассе небольшие горшочки с рассадой и декоративные горшки.

Судя по восторженным возгласам, женская часть группы была абсолютно покорена увиденным и пережитым!

Обратный путь казался лёгким и славным, а автобус удобным и прохладным.

Чикаго! Штат Иллинойс

Одиссея с Иберией!

Как всем известно, герой греческого эпоса, Одиссей, после окончания Троянской войны возвращался домой в Итаку с группой товарищей. Рассердив по дороге властителя морей, бога Посейдона, подвергся жесточайшим карам и лишениям. Не то чтобы лишения, которым подверглись они, группа товарищей из четырёх человек, попытавшаяся добраться до города Чикаго из родного Израиля, сравнимы со страданиями Одиссея, но для них это было не менее болезненно!

А всё начиналось просто! Адам ехал на книжную ярмарку в этот самый желанный город Чикаго! Маршрут, проложенный тур агентом и проплаченный из его кармана, предполагал вылет из Тель-Авива, остановку в Мадриде на час и далее прямой полет в город, где не так уж давно Аль Капоне с товарищами разбирались с конкурентами. Выйдя из стен родного дома в 0:10, он пустился в свою одиссею.

На пути городок Нагария, северный конечный пункт железной дороги Израиля, и в 1 час 13 минут поезд двинулся на юг в сторону аэропорта Бен Гурион! Всё шло славно, как и положено, за три часа до отлёта Адам проходил положенные процедуры. После всех проверок и сдачи багажа, перевязанного вместо замка ленточками (таковы правила суровой израильской таможни), можно пить кофе в зоне «Дюти фри». Кстати, Адам не был поклонником привязывать ленточки на багаж, но таковы в Израиле нынче порядки. В 6:00 утра самолёт взмыл в небо на крыльях знаменитой (хотя и не для него) копании «Иберия» с опозданием в 15 минут. Его тур агент очень волновался по поводу короткого времени, всего 45 минут, для пересадки в Мадриде на другой рейс, летящий в желанный Чикаго!

- Знаешь, времени мало, а аэропорт большой. Давай мы закажем тебе помощь, как пожилому и не очень здоровому человеку! Тебя встретят и отвезут на коляске прямо к твоему рейсу!

- Да как-то неудобно! Лучше я побегу побыстрее!

- Ерунда. Все так делают. И гарантия, что на рейс не опоздаешь!

Людям профессиональным, с опытом, положено верить! Как началось это путешествие?

Вооружённый знаниями и большим чемоданом, Адам сидел в вагоне поезда, пока один. На каждой станции заходило всё больше людей, и через час уже от людей и их чемоданов становилось трудно дышать. Похоже, что все евреи Израиля снова начали большой исход. Вот и его остановка. Набитый под завязку поезд выплюнул народ наружу и укатил.

Все пошли к своим самолётам, и вот они летят. Этот лайнер, вероятно, был ровесником Адама, а может, и постарше! Никаких телевизоров, экранов, наушников или других аксессуаров современного хайтека не наблюдалось. Адам сидел с поджатыми ногами. Ввиду экономии места сиденья стояли ближе, чем нормальные ноги человеческие, от бедра и до коленки! Главное, летят! А тут ещё и кормят! Неважно, что это что-то зелёное и кусочек порошкового омлета, но горячее! Чай, кофе. Танцы не предлагались, да и места маловато. Сели! Немного с опозданием, но сели же! Адам радовался этому открыто. Во время полёта вокруг него со всех сторон сидела типичная израильская семья. Папа, мама и пятеро детей, мал мала меньше! Адам дважды их пересчитывал. Ему казалось, что их гораздо больше. Они беспрерывно двигались, шныряли, толкались, вопили на разные голоса и кричали мать их и отца их. Одна девчушка, очень симпатичная, лет двух или трёх, пробегая мимо, каждый раз игриво шлёпала его по коленке. Какое-то время он цокал языком в ответ. Так они играли!

Полёт прервался после пяти часов в связи с прибытием в столицу Испании. Адам вырывался наружу из самолёта. У выхода стояли две женщины и один мужчина, по виду чего-то ждущих! Никаких санитаров с носилками или колясками нет! Народ густой толпой валит мимо них! Потом они закончились, а эта группа, ожидающая поддержки и помощи, сиротски стоит одна. Проводница клянёт бестолковые службы аэропорта! Появляются различные люди в различной униформе и пытаются помочь. Куда-то звонят и исчезают. Вдруг проводница говорит: «Кто-то ломится в аварийную дверь на другой стороне самолёта! Может, это помощь пришла»?

Она всё время заглядывала в маленький иллюминатор в надежде передать эту болезную группу хоть кому-нибудь! Там что-то скрежетало, ухало и страшно старалось соединиться с самолётной дверью. Адам было подумал, что их будут эвакуировать с самолёта, как в разных фильмах показывают, при помощи огромного надувного матраса, но профессионализм не пропьёшь, заскорузлая аварийная дверь самолёта сдалась и со страшным скрежетом открылась! За дверью оказалось жутковатого вида металлическое сооружение, похожее на инопланетное создание из фантастического триллера «Война миров». Суматошная женщина в униформе полагала, что эта группа абсолютно нетранспортабельна и их надо выносить ногами вперёд! Хмурый мужик, управляющий монстром, приказал стоять и ждать. Суматошная, наоборот, всё ещё сомневаясь, предложила ступить на платформу. Они переместились! Всё заскрипело и пришло в движение! Платформа поехала вниз, а сам мастодонт пополз к стеклянным дверям в пяти метрах от самолёта. Они ступили на землю!

Мадрид. Аэропорт

Суматошная сотрудница в униформе мадридского аэропорта, оказавшаяся секьюрити, открыв стеклянную дверь, завела четвёрку пассажиров рейса Тель-Авив - Чикаго в помещение для таких горемык, как они. Развесёлая бригада секьюрити потребовала раздеться, разуться, снять все цацки и вообще пройти тотальный контроль. Все возражения, что, мол, мы транзитные пассажиры и опаздываем на самолёт, только подогревали веселье, до этого скучавшего народа. Суматошная сцепилась языками с толстым дядькой в такой же униформе, как и она. Они весело трындели, пока группу обыскивали и ощупывали.

Наконец, когда они собрали свои разбросанные пожитки, суматошная тоже решила пройти тотальный контроль.

- Да вы что? Совсем тут охренели? Наш самолёт улетает через несколько минут, а вы тут устроили стриптиз на потеху!

Суматошная засуетилась и на рысях устремилась вперёд. Эта инвалидная команда поспешала сзади! Когда кто-то отставал, суматошная резво возвращалась, направляла отставшего и вновь стремительно рвалась вперёд. Они мчались через толпы людей, магазины «Дюти фри» и разные пищевые заведения. Они ворвались в длинный коридор аэровокзала, где суматошная сдала их дежурному администратору.

- Вы пока посидите. Я свяжусь с «Иберией». Вы опоздали на свой рейс.

- Что за чушь! Ещё 5 минут до отлёта! Какой гейт? То бишь ворота!

- 48! Но ваш гейт закрыт!

- Бежим, ребята! Ещё есть время!

Они бежали по длиннющему коридору, отсчитывая номера ворот! Посреди коридора стояли две стойки с надписью: «Иберия», и четыре лба охраняли проход. Они сверяли посадочные талоны с паспортами.

- Эй! Хватит уже! Мы опаздываем на наш рейс!

- Ваш самолёт улетел!

- Он не мог улететь! Нас четыре человека!

Они снова бросились бежать, не веря, что такое может случиться.

Нужный гейт, стеклянные двери, были закрыты! И за стеклом никакого самолёта не было. Он улетел раньше назначенного времени. Немного. На 5 минут!

На лицах товарищей по несчастью было отчаяние! Это были пожилые люди! Пара, которая ехала навестить детей в Чикаго, и здоровая полная женщина, как выяснилась, родом из Баку, решила навестить брата. Она мало понимала, что происходит вокруг. Единственным языком, ей понятным, был русский. Но и на нём ей приходилось объяснять 2-3 раза.

На них налетела другая суматошная женщина в такой же униформе!

- Вы не можете здесь находиться! Ваш самолёт улетел! Идите к стойке «Иберии»!

- А где эта, трижды долбаная... «Иберия»?

- Идите назад! Там увидите!

- Пошли, ребята! Не переживайте! Я с этой «Иберией» 30 лет назад просидел с семьёй неделю в Мадриде! Они поселили нас в гостиницу, кормили и вернули мне все деньги за билеты! Жаль, что я об этом забыл!

Подходя к стойке «Иберии», за которой сидели три девицы, отбивающиеся от наседавшего народа, они увидели знакомые с общего рейса лица.

- Так мы не одни! Они самостоятельно вышли из самолёта и наверняка шли через транзитный коридор! А нас четверых протащили через чистилище! И все с одинаковым результатом! Вот это да!

Девицы за стойкой куда-то звонили, с кем-то общались, стучали по клавиатуре компьютеров, и постепенно народ рассасывался. Дошла очередь и до них. Выслушав незатейливую историю, девица покивала головой и долго с унынием смотрела на монитор своего компьютера.

- Ближайший рейс поздно ночью!

Адам был возмущён:

- Я не хочу ночью! Лететь до Чикаго 10 часов! Я не хочу прилетать посреди ночи! Я планировал прилететь днём! Поселиться в гостинице, которая стоит мне $200 в день! А на следующий день я должен быть на книжной ярмарке. Я за этим и лечу. Я не хочу сидеть у вас в аэропорту! Найдите другой вариант!

- Есть рейс в Лондон. Оттуда есть рейс в Чикаго. Хотите?

- Беру! А что с нашим багажом? Он улетел в Чикаго?

- Нет. Ваш багаж с рейса сняли. А ваши друзья? Они тоже согласны?

- Мы не друзья! Мы товарищи по несчастью! Они тоже согласны!

- Я вам выписываю новые посадочные талоны. Мадрид - Лондон, Лондон – Чикаго. Держите старые багажные квитанции. Они на ваших чемоданах. Удачи вам!

Жизнь продолжается! Они летят в Лондон! 4-5 часов - и они там!

Лондон. Аэропорт Хитроу

По дороге в Лондон Адама беспокоили две вещи. Первая - где чемоданы? Второе было похуже. Девица, выписывающая новые посадочные талоны, сказала фразу, которая сразу не воспринялась всерьёз: «У вас будет час на пересадку. Но это один и тот же аэровокзал!»

«Так-то оно так. Багажа у нас нет. Мы транзитные пассажиры, так что и контроль проходить не нужно, но мало ли что? Да нет, - говорил он себе! - Как это там говорят: «Снаряд дважды в ту же самую воронку не попадает». Да и люди там другие. Англичане. Цивилизованный народ и любит порядок».

В общем, прилетели, сели!

- Ребята! Держитесь за мной и бегом!

Они бежали по длинным коридорам, следя за надписью «коннектин флайтс», что означает «для транзитных пассажиров». Они бежали быстро. Коридоров много, и все они неимоверной длины. Вообще, Хитроу считается одним из крупнейших в мире. На собственной шкуре они это проверили, самый большой! Влетели в огромный зал, а там длиннющие линии с натянутыми лентами. А внутри толпа извивается огромной змеёй человек за 200.

- Нет, нам не сюда! Нам надо к воротам, где стоит наш самолёт на Чикаго.

- Вам сюда! Сюда! Вы должны пройти регистрацию!

- Но здесь же армия людей! Тут и к утру не прорвёшься!

- Вам сюда! Без регистрации нельзя! Да здесь всё быстро.

Они стояли обречённо в жуткой толпе, состоявшей в основном из представителей народов Индии. Понятно, что Англия много лет порабощала и угнетала этот народ. А он, вообще-то, второй на Земле по численности! Справедливо, что теперь они оккупировали Англию. Они были везде, с очень многочисленными семьями! Некоторые настойчиво пытались обойти всех, но тут уж Адам стал, если не грудью, то задом прикрывал подобные поползновения. Переходя от надежды к отчаянию, он посматривал на часы. Время утекало сквозь пальцы рук, ног. Всё имеет свой конец. Подошла и их очередь. Они рванули к должностному лицу.

- Понимаете! Мы группа, которая опоздала в Мадриде! Но мы не виноваты! Это...

- Дайте ваши документы! Ваш самолёт улетел!

Это было больно! Второй раз за день! Такого просто не может быть!

- Может, может! Видите, сколько сегодня народу! Идите к дежурному по «Бритиш Эйр-вей». Там вам помогут. Вон в том конце зала. Видите, очередь?

Та очередь также состояла из многочисленных представителей народов Индии, переместившихся в другую очередь, и Адам с товарищами обречённо встали за ними.

Слово взяла большая женщина из Баку:

- А почему мы сюда стоим? Я хочу брату позвонить, но не получается!

- Наш очередной самолёт тоже улетел. А у вас есть телефон брата?

- Да! У меня в телефоне написано.

Она вытащила из сумки допотопный телефон «Нокиа» первого разлива.

- Вот я набираю, а не получается!

- У вас какая симка стоит?

- Какая симка?

- Мы вообще-то в Лондоне! Здесь ваш телефон не работает! Он вообще не должен работать. Нигде! Он очень старый и примитивный!

- А как мне позвонить брату? Можно я с вашего позвоню?

- Мой тоже здесь не работает! Я не собирался лететь в Англию!

- А как мой брат? Он узнает, что я не прилетела?

- Я думаю, догадается, когда вас не увидит. Как вы вообще собрались лететь на другой конец планеты? Без языка, без связи и помощи?

- Но вы мне поможете?

- Поможем долететь до Чикаго. А дальше что? А если ваш брат вас не встретит? Вы много лет жили в Израиле, а он в Америке! Чего вам вздумалось его навестить? Надо было его пригласить в Израиль!

Эта безумная очередь едва двигалась. За длинной стойкой работало 15 человек, но всё это действо заунывно и тоскливо шло, не спеша! А куда торопиться? Все уже опоздали! У всех своя история!

Часа через полтора пришёл их черёд. Напротив, них сидел чиновник с тоскующим взглядом, тыкая пальцем в компьютер, уныло мотал головой!

- Чего, чего? Когда мы улетим? Я должен быть в Чикаго сегодня! Я лечу на выставку! Она всего два с половиной дня. У меня гостиница оплачена! Я уже в пути 30 часов! А впереди ещё перелёт! Сколько лететь до Чикаго?

- 9 часов. Но я не вижу возможности отправить вас сегодня.

- И чего? Мы будем валяться ночь на вокзале?

- Нет, конечно! Мы отправим вас в отель. Дадим талоны на питание, а завтра есть самолёт компании «Американ Эра-лайн» в 7:45 утра. Но всё не так просто.

- О Господи! Что ещё?

- Я должен переоформить ваши документы на другую компанию. Я должен с ними договориться. И должна быть перечислена оплата. Я пошёл договариваться. Ждите!

Адам пересказал всю эту эпопею своим спутникам. Пожилая пара решила попытаться связаться с детьми по «Скайпу». Дама из Баку никак не могла взять в толк, что с ними будет.

Через полчаса дежурный вернулся.

- Всё, я договорился! Будем оформлять вас на этот рейс!

Ещё через полчаса они получили новые посадочные талоны, направление в гостиницу, талоны на обед и завтрак.

- Значит, выходите из здания аэропорта. Там есть стоянка автобусов-шаттлов до гостиниц. Ваш автобус на стоянке 22 и 23. Водителю отдадите его талон. Второй держите на завтра, на обратную дорогу. Удачи!

Они перебирали кучу новых бумажек. Главное - ничего не перепутать!

- Пошли искать выход на улицу! Надо найти наш автобус! Вы, женщина, идите рядом и не потеряйтесь, иначе каюк!

К ним подошёл человек в униформе.

- А вы куда идёте?

- Нам надо выйти на улицу и найти свой автобус до гостиницы.

- Вы должны пройти паспортный контроль! Вставайте в очередь!

- Какую ещё, на хрен, очередь? Мы не жить сюда приехали. Поспим и обратно.

- Все должны проходить паспортный контроль! Вас не выпустят!

- О Господи! Опять очередь! Это который уже раз за сегодня?

Но служащие были правы. Пересекаешь границу - предъяви документы! Отстояв очередную жуткую очередь, путешественники гурьбой подошли к освободившемуся таможеннику.

Адам завёл дежурную шарманку, мол, там опоздали, здесь опоздали. В общем, вот такая история. Он сочувственно покивал, шлёпнул печати в их паспорта, и они пошли. Надо искать автобус и ехать ночевать.

Хитроу

Правильно было бы начать повествование об этом путешествии с этого момента, но события развивались постепенно, и поэтому будем описывать события в этом же порядке!

Путешественники вышли на улицу, собираясь найти остановку шаттла-автобуса, который должен был отвезти их в гостиницу под названием «Премьер Инн». То, что вместе с ними бродило в поисках транспорта население большого индусского поселения, говорить не приходиться. Увидев человека в униформе аэропорта, Адам обрадовался.

- Не подскажете, где остановка шаттла-автобуса до отеля «Премьер Инн»?

- Идите туда, потом туда. Там все остановки автобусов. Городских, шаттлов и прочих. Смотрите 22 и 23!

- Вот спасибо! А то уже темно и дождь накрапывает!

Пошли они туда и туда, и действительно, множество остановок и множество автобусов! Подлетают, хватают пассажиров и уносятся! На длинных столбах светящиеся квадратные табло с разными номерами. Нужны номера 22 и 23, вот они. Стоят, ждут нужных автобусов. Подлетают всякие разные, но с большими номерами. Наполняются кем попало и уезжают. Время проходит, а нужных номеров нет. Огромная тётя из Баку где-то села. Она всегда очень уставала и всегда где-то садилась, и приходилось громко кричать, когда надо было двигаться.

- Женщина! Вам надо похудеть! Вы себя гробите! Это как ходить с мешком картошки на плечах весом 30-40 килограммов!

- А мы чего здесь делаем?

Ждём автобуса 22 или 23. Поедем ночевать в отель.

- А как мой брат узнает, где я?

«Ну что тут можно сказать? Так жить, наверно, проще, а может, и нет».

Адам подошёл к столбу с номером 22. А там на простом английском языке написано: «Автобус до отеля «Премьер Инн» номер 56»!

- Ну хоть бы одна ... я извиняюсь, сказала, что номера 22 и 23 - это номера остановок, а не автобусов.

Адам передал новость изрядно истосковавшимся членам группировки. Вокруг них большая группа людей в национальных индусских костюмах.

- Ребята! Рот не разеваем! Придёт автобус - штурмуем, иначе этот табор нас сметёт. Женщина из Баку! Держите талон на автобус наготове и за нами!

- А какой талон на автобус? Здесь много разных дали!

- Давайте сюда! Этот - на автобус. Этот - для отеля. Этот - на обед, а этот – на завтрак! Ладно. Держите только на автобус, с остальным потом. Внимание! Наш автобус.

Адам полез первым, бригада за ним. Автобус набился до отказа. Полно людей и чемоданов! Водитель требует талоны. Шум, гам, крики на разных языках! Пошёл жуткий дождь. Водитель ещё пооорал, и они поехали. Ни зги не видать! Все стёкла запотели. Автобус иногда останавливался, один-два человека выходили, и они ехали дальше! Это всё продолжалось по часам ровно 45 минут! Адам уже понял, что они пропустили свою остановку, но тут водитель-индус проорал: «Премьер Инн», и весь автобус посыпался наружу под жуткий дождь. Вместе с толпой граждан индусской внешности они пролезли через двери отеля. Огромный холл был наполнен их земляками. Трое дежурных, тоже индусов, принимали документы и выдавали ключи. Дошла и до них очередь. Все получили по пластиковой карточке и номер в этом славном отеле.

- Ребята! Расходимся по номерам. Встречаемся через час и идём обедать!

Прошло почти двое суток, когда Адам покинул дом родной. Хотелось всего сразу. Спать, мыться, есть и отдыхать. Но надо всё делать по порядку! Встретились на месте расставания. Адам успел подойти к стойке ресторана, показать талон и был встречен с пониманием! Многочисленные индусы были везде. Подходили с купонами, другие уже ели за столами, третьи встречали земляков.

Бригада горемык из Израиля выстроилась на ужин.

- Сдаём талоны! Берём тарелки! Всё самообслуживание! Набираем еду, садимся за стол! Вперёд!

Большая женщина из Баку встрепенулась, как боевой конь, при звуке трубы. Адам сидел за столом и уминал свой салат и жареную курицу, когда она принесла свою честно достающуюся добычу!

- Вы что? Собираетесь это всё съесть?
- А что, нельзя?
- Чисто по-человечески, конечно, нет. Но это не моё дело.

За поздним ужином договорились о завтрашнем расписании . Самолёт в 7:45 утра. Пожилая пара хочет выехать первым автобусом из отеля в 4:45.

- Ребята! Давайте поспим попозже!
- Нет, нет! Мы опять опоздаем на самолёт! Лучше в аэропорту посидим пару часов. Мы не выдержим третьего опоздания.

Адам встал в 3:30 ночи. Долго стоял под душем.

«Пора, мой друг, пора. Кто бы ни написал эти строки, он был прав!»

Адам встретил в холле свою группу и толпу индусов. На улице дождь. Вот он, Лондон! Подъехал первый автобус. Народ смело бросился на штурм, борясь за место под дождём с женщинами в традиционных сари и их спутниками! Через час прошли секьюрити аэропорта. Вот он, прекрасный зал Хитроу! Огромный, громадный! С множеством магазинов! Правда, многие ещё закрыты ввиду раннего времени! Но размах поражает воображение.

- Давайте пойдём пораньше к нашему гейту!
- Ребята! Он наверняка ещё закрыт. А здесь можно отдохнуть, зарядить телефон.

Но они хотели убедиться, что больше оплошки не будет. Они шли по нарисованным стрелкам, разыскивая свои ворота-гейт. А люди были правы! Они шли и шли. Это было реально далеко. Наконец вот они! Ворота 28! У каждых ворот своя, закрытая зона. На дверях проверка документов. Затем стойка регистрации и куча всяких вопросов. Женщину из Баку отправили на проверку вещей и ручной клади. Остальных пропустили. За 45 минут началась посадка. Огромный «Боинг» заполнился на 3/4. За 10 минут до отлёта гейт официально закрыли. Это что? Новые правила во всех компаниях? Похоже на то! Они летели! Через 9 часов Чикаго!

Чикаго.

День первый

Прошло двое суток с небольшим, и вот самолёт сел в Чикаго! Адам пожелал удачи своим товарищам по приключениям и побежал за багажом в надежде найти его целым и невредимым. И о чудо! Багаж их рейса ещё только крутится на большой карусели, а его чемодан стоит в сторонке один! Время первый час дня. Книжная ярмарка началась в 11:00. А ему ещё надо добраться до гостиницы, привести себя в порядок и разыскать дорогу на это самое книжное шоу, из-за которого он проделал весь этот путь! Разумеется, он готовился! Заказал гостиницу в центре Чикаго. Просмотрел маршрут до отеля и от него на выставочный комплекс под названием «Маккормик Плейс». Но это всё теория. Сейчас всё будет на практике. Самый простой способ и, наверное, самый быстрый, метро. Голубая линия, вот что надо! Путеводитель рекомендует купить в автомате карту, которая работает на всех видах транспорта. Поездка от аэропорта, который пишется O'Hare, а произносится как О'Хэр, стоит $5. Остаётся найти эту голубую линию метро. Адам упорно искал её внизу, под землёй, но она оказалась на уровне второго этажа. Но это только подвозка, а потом переход под землю. У входа стоят разные автоматы. Человек в униформе предлагает помочь. Вот за это спасибо, а то сам чёрт не разберёт.

- Дай мне $5!
- У меня только по 20!
- Ладно. Я разменяю две по $10. На одну купим тебе билет.

Получив бумажную карточку, Адам приложил её к автомату так, как нарисовано на картинке, что-то сверкнуло, брякнуло, но дверки не открылись. Он стоял с чемоданом и тупо пробовал ещё и ещё. Автомат против. Не пропускает. Ещё раз! Фига!

Адам позвал человека в униформе.

- Чего-то не работает моя карта.

- Давай я попробую! Ты что, тыкнул и не прошёл?

- Так дверцы не открылись, и я попробовал ещё раз.

- Надо было сразу идти, а теперь надо ждать 20 минут. Ладно, я тебя пропущу.

Метро, конечно, дремучее, как и в Нью-Йорке. Неудивительно. Строилось в начале 19 века. Всё старое, обшарпанное и мрачное. Много народу с чемоданами. В поезде полно народу. Через какое-то время поезд метро, или, как здесь называют, сабвея, вырвался на поверхность! По схеме станция, на которой Адаму надо выходить, «Вашингтон», 15 по счёту. На каждой остановке входят люди. Народ рабочий. За окном Чикаго, похожий на Нью-Йоркский Бруклин. Небольшие домишки из красного кирпича, всё пошарпано и уныло. Народ всех цветов кожи и не совсем приветливый. Следующая остановка называется «Гарлем». Всё похоже и соответствует.

«Не хотел бы я здесь жить. Через 40 минут моя остановка».

Он тащил свой чемодан по ступенькам на поверхность. А там другая линия сабвея, но на уровне второго этажа. Ну прямо Брайтон Бич! Уже потом он понял - Чикаго повторяет Нью-Йорк, но более провинциально. Ему нужна улица Ист Вашингтон, а он стоял на Вест Вашингтон. Надо спрашивать. Человек пять от него отмахнулись, а вот шестая показала, куда идти.

- Ты на Вест стороне, а потом начнётся Ист сторона.

Так оно и было. В Чикаго все улицы так, запад или восток, север или юг. Всё парами. Им удобно так.

Он нашёл свой адрес. Громадный высоченный дом, в 21 этаж! Внизу сидит консьержка.

Поискала его в списке. Выдала пластиковую карточку-ключ на 18 этаже. Квартира с огромными потолками! Всё есть! Спальня, гостиная с кухней, ну и ванная! Всё это называется апартамент-отель. Вроде гостиница, но дают не номер, а отдельную квартиру. Удобно для семьи с детьми или таким, как он. Кто любит готовить сам! Ладно, всё это потом. Если быстро помыться, то ещё часа два можно успеть побывать на книжной ярмарке.

Внизу спросил, как добраться до «Маккормик Плейс».

- Автобус номер 3. Выходишь на улицу, направо будет улица Мичиган. Надо взять автобус в сторону юга.

Всё просто! Это когда знаешь. Ладно, разберёмся! Нашёлся автобус! Водитель, огромный темнокожий дядька с лохматой и кучерявой чёрной бородой, на его просьбу сказать, когда будет этот самый «Маккормик» милостиво кивнул головой. Поначалу все было пристойно. Они в центре. Красивые большие здания, бульвары и красивые магазины, но как только автобус проехал под большим ржавым мостом, остатки старой надземки, всё переменилось. Пустынные улицы, пошарпанные домишки и страхолюдные шастающие бомжи! Бородатый водитель мотнул ему всей гривой:

- Ваш выход, чужестранец!

Огромный выставочный павильон был построен к всемирно известной выставке в бог знает каком году. Множество зданий, этажей, огромные пространства, могущие вместить десятки тысяч людей. По оценкам организаторов BEA, Книжная Ярмарка Америки, выставку посетит 12-15 тысяч человек. На его взгляд, их было больше. После процедуры регистрации ему выдали ошейник с биркой. Всё, как у всех! Имя, занятие и пр. То, что эту выставку даже просто обойти за один день невозможно, было ясно сразу. Длинные улицы вдоль и поперёк огромного пространства были забиты людьми и стойками с экспозициями. Тысячи и тысячи книг, всех размеров цветов и полиграфии. Это было круто! Надо сказать, что на американских выставках, независимо от предмета, любая продажа категорически запрещена. Нарушитель изгонялся из бизнес-сообщества. Это не магазин! Выставки предназначены для развития бизнеса! Знакомства, контакты, деловые встречи. В России, как и в Израиле, выставка воспринимается как возможность подзаработать, по крайней мере, отбить расходы по выставке. А они немалые! Но об этом потом. Сегодня надо обойти, сколько возможно. Вообще понять, как это работает. Кто есть, кто. Как это можно использовать в корыстных целях. Через час ему стало понятно, что на эту выставку он приехал зря.

То, что на ней нужно было побывать, абсолютно ясно. Стало понятно, что необходимо сделать в первую очередь и на какие ярмарки нужно поехать. Его поразило, что этот сегмент индустрии всё ещё востребован. Ему казалось, что в наше время бумажные книги уже мало кому интересны. Хайтек должен был вытеснить с рынка всё отжившее, несовременное и неактуальное. Да, электронные книги читают. Их просто скачивают на любые гаджеты. Никто не собирает библиотеки, как это было раньше. В России сдавали макулатуру, чтоб получить талон на покупку книги!

Но американцы его поразили. Индустрия жива! И на его век хватит.

BEA 2016

Английская аббревиатура BEA, переводится как Книжная Ярмарка Америки, Чикаго 2016, гудела и общалась. Адам бродил по ней и чувствовал, что он или сейчас заснёт, или начнёт есть то, что выставлено на столах. Двое суток в дороге давали о себе знать! Да и смена часового пояса тоже требовала с нею считаться. Он решил ехать в отель. Купить какое-нибудь съестное и отоспаться. Завтра с утра с новыми, свежими силами броситься в бой! В принципе, всё было ясно!

Те издатели, с которыми он смог пообщаться, в один голос требовали перевода его книг, изданных на русском языке, на английский язык. Логично! Эта ярмарка была для восточной части Америки. Никакие переводческие фирмы или иностранные издатели за редким исключением на этой ярмарке не выставлялись. Для этого есть Нью-Йорк! Туда слетаются все. Надо быть в правильном месте и в нужное время. Этому тоже надо учиться.

Выйдя на улицу, он поискал глазами остановку автобуса, на котором приехал. На этот раз за рулём, был не здоровый дядька с курчавой чёрной бородой, а женщина! Правда, с чёрной курчавой головой. Адам показал автомату его бумажный билет. Тот не поверил и мигать отказался. Тогда Адам положил билет на его поверхность, результат не поменялся. Добрая черноголовая курчавая водительша предложила оплатить проезд.

- А сколько надо денег-то?
- $1,10 центов.
- Это я могу!

Выйдя из автобуса, по дороге домой Адам наткнулся на огромный 2-этажный магазин, на втором этаже которого располагался отдел продуктов. Всё остальное пространство, кроме эскалаторов, было отведено под продажу различных товаров. Но он хотел только есть! С голоду нахватал столько продуктов, что пришлось доедать все оставшиеся дни. Правильно говорят умные люди, не ходи за продуктами на голодный желудок. Ну да, мы все умные, но это почему-то всегда после. Сказать сразу и честно! Продукты хорошие, а цены тоже невредные! Бутылка приличного вина за $10 украсила и без того неплохой ассортимент на его столе! Есть, пить и спать!

Но хочется посмотреть американский телевизор! Не всё так просто! Есть 2 пульта. Первый включает всяческие каналы, а вот второй изображает приставку «Эппл ТВ». Пока во всём разберёшься, потеряешь последний сон. Ну нет! Не за этим я летал, как подстреленная птица, двое суток! Завтра весь день на выставке книг, а сейчас спать!

BEA. Автографы!

День начинался с завтрака. Съесть надо было много. Дней, отведённых на посещение Чикаго, было немного, а еды набрано с голоду больше, чем можно съесть.

«Да выброшу и всё или оставлю в холодильнике».

Он ещё не знал, как он прав. В автобусе очередной курчавый очень удивился, что Адам без карточки, но позволил истратить $1,10. Народу на выставке, как рыбы в океане. Все весёлые, прилично одетые. Праздник у народа. Адам в джинсах, с рюкзаком за спиной! На его «бадж», бирка на шнуровке, посматривали с удивлением, а вроде с опаской. Прочитав, что он автор - это по-английски писатель, спрашивали, чем помочь. Пару раз он завёл свою шарманку про русский текст и нужу в переводчике, но впустую. Его внимательно выслушал польский консул.

В Чикаго проживает самое большое польское комьюнити вне Польши. Консул свёл Адама с двумя испуганными барышнями, которые таращились и испуганно мотали головками. Адам блеснул знанием единственной фразы на польском, попрощавшись: «Дзенкуе бардзо!» Им понравилось!

Он провёл на выставке весь день. Сделал Селфи на фоне своих книг. Народ угощался конфетками. А кое-где шампанским и пивом. Это было грандиозное женское празднество. Книги писали женщины, издавали - женщины, представляли - женщины! Мужчины тоже тёрлись поблизости, но это так, для антуража. Представьте 14-15 тысяч женщин! Все говорят, все возбуждены! Праздник! Самая большая аттракция, получение автографов. К каждому писателю стояли жуткие очереди. Леди, написавшая Гарри Поттера, пыталась подписать пару тысяч книг! Был автор, который продал более 350 миллионов своих книг на всяческих языках. Зависть - плохое чувство, но сколько этот человек заработал денег? Книги выдавались бесплатно, но если хочешь получить автограф, встань в очередь. Стояли люди с транспарантами. Очередь начинается здесь или здесь середина очереди. Для доступа к телу подписанта требовалось дойти до транспаранта, следующий!

Подписанту/ке помогало несколько человек. В Америке, чтобы попасть на выставки, которые здесь называют шоу, нужно либо быть в этой индустрии, либо получить приглашение. Продавать категорически запрещено! Выставки-шоу для бизнеса! Это не блошиный рынок. Ни продавать, ни просто раздавать, не зарегистрировавшись и не заплатив приличную мзду, запрещено!

В Чикаго, местные произносят Шикаго, книги надо перевести на английский, а потом выставляться.

- Вам надо в Нью-Йорк, - посоветовал добрый издатель.

- Где ты раньше был? Любой опыт полезен! Утешение для дураков.

Очевидно, в качестве утешения Адаму выдали приглашение на банкет издателей и писателей! Грандиозный бал будет иметь место в самом большом банкетном зале Чикаго! Адрес на приглашении. В 18:00. Коктейли, ужин, развлечения. За всё заплачено! Адам за много часов обошёл все аллеи и переулки этой выставки-шоу. Ноги гудели. Хотелось спать.

Надо ехать в отель, поесть и немного вздремнуть перед банкетом. В автобусе очередная кучерявая персона посоветовала приобрести карточку, а не совать деньги, устраивая затруднения.

В номере-квартире было прохладно. Горячий душ, еда из холодильника и большая кровать никогда его не подводили!

Когда он проснулся и посмотрел на часы, то очень обиделся. На себя.

«Надо было лететь столько часов, потратить кучу денег и проспать возможность пообщаться с людьми в профессии! Не бить же себя!»

Чикаго-Шикаго

Проснувшись утром, принял твёрдое решение. Из прежнего опыта, посетив всевозможные выставки-шоу, он уяснил, что на третий день уже никто практически не работает. Все шоу заканчивались в эти последние дни в 12:00. Все выставлявшиеся собирали вещи, большинство посетителей разъезжалась по городам и весям. Словом, никакого смысла идти туда не было. Учитывая, что у него есть этот день и завтрашний, было бы правильно походить по городу и полюбоваться на местные достопримечательности.

«Мой друг «Гугл» показывает на главную улицу Чикаго, Мичиган-бульвар. Там же находится то, что переводится как «великолепная миля». Пошли знакомиться!»

Тем более, что у Адама была цель! Он хотел в Америке

посетить магазин Apple! В Израиле такого нет. В аэропорту, в «Дюти фри», ему предложили то, что он хотел купить. Но он же умный!

- Нет. Я лечу в Америку и куплю там. Да ещё наверняка дешевле!

- Мы торгуем без налога! А там вас заставят заплатить налог!

Но оказалось, что он не самый умный. Но это всё потом! А пока он шёл искать магазин Apple. Дошёл до неширокой речки. Тоже называется Чикаго! А почему нет? Через неё множество мостов, и толпы народа идут туда-сюда. Большинство держит в руках картонные здоровенные чашки от «Старбакса». Эти кофейни появились лет 25-30 назад. Пару раз обанкротились, но снова возрождались. В Чикаго они были на каждом шагу, ну как булочные в его ленинградском детстве. Адам, конечно, зашёл, отстоял положенную очередь. Заказал большой капучино.

- С вас $5,50.

- Однако!

Насыпал в свой большой бумажный стакан всё, что было на стойке. Корицу, шоколад, ванилин, сахар! За всё заплачено! Идёт, как все, чикагцы - чикагонцы?

Чикаго - город ветров, официально! Стоит на берегу громадного Мичиганского озера. Во времена сухого закона его называли еврейским морем! Бутлегеры, то есть гангстеры, перевозившие нелегальный алкоголь, перевозили его из Канады как раз по этому гигантскому озеру. Ну и многие были евреями.

На той стороне речушки стоит гигантский небоскрёб с гордой надписью «Трамп». Вообще небоскрёбов вокруг этой самой великолепной мили немерено. Говорят, что именно здесь, в Чикаго, родились первые небоскрёбы. По дороге Адам попивал свой кофе, не меньше полулитра, а то и поболее. Мичиган-бульвар похож на Парк-авеню Нью-Йорка. Вообще всё вокруг чем-то напоминало Нью-Йорк, но в таком, провинциальном варианте. Поменьше, попроще. Магазины имеются все, из серии кто-есть-кто! Все присутствовали. Но он искал только Apple.

- Apple! Это далеко. Надо пройти 10 кварталов. Лучше доехать на автобусе.

«10 кварталов нам нипочём. Заодно и погуляю!»

Он его нашёл! Народу, как на ярмарке. Два этажа, и везде люди. Остановил девушку в униформе. Она обрадовалась.

- Чем я могу вам помочь?

- О, ес! Мне нужен новый iPad, 12,9 дюйма, с клавиатурой, iPhone SE и внешний аккумулятор. А ещё где всё это хранить и в чём переносить.

Она была счастлива. Через час они были готовы оформлять заказ.

- А это что за 10,25%?

- Это налог на продажу в Чикаго!

- Да это грабёж! В Нью-Йорке 8,25%! А если переехать через речку - это уже штат Нью-Джерси! Там налог 3%!

- Правда? Я хочу в Нью-Джерси. А то у нас за всё надо платить большой налог.

- Вы приезжайте к нам, в Израиль. 18% налог!

- О Господи! Вы можете купить это всё в аэропорту без налога.

- У меня был шанс. Но я думал, у вас дешевле!

Они расстались друзьями. Возвращаясь к речке Чикаго, Адам приметил остановку экскурсионных двухэтажных автобусов. Хоп-он, хоп-офф. Садишься на любой остановке и сходишь на любой. Катайся хоть целый день!

Курчавые мальчишки и девчонки в красной униформе продают билеты!

- Мне один билет!

- $40 плиз!

- Аллё! Я не на неделю хочу! Только на сегодня!

- А у нас можно купить на три дня. Так будет дешевле!

- Держи $40, разбойник кучерявый. Я скоро вернусь!

Адам, автобус и Чикаго

На улице свежо! Адам вернулся, надел самое тёплое, что привёз, пошёл к билдингу Трампа! Он на той стороне речки Чикаго. Сел в экскурсионный автобус на мосту за $40 - и они едут! В каждом приличном городе есть такие экскурсии. Где на автобусе, где на маленьком трамвайчике. В Нью-Йорке можно на лошадях за $20 в час. Но это скорее для романтического соблазнения барышни. Не очень понятно, как! Лошадки здорово пахнут! Ну да ладно. Экскурсовод рассказывает о том, о сём. Оказывается, в Чикаго надо попробовать три вещи! Ход-дог, но без кетчупа, попкорн по-чикагски и пиццу. То, что Чикаго является, американской пиццерийной столицей, Адам знал давно. Вопрос был выбора: пиццерия «Уно», пиццерия «Дуэ» или «Джордано». Хорошо бы побывать во всех, но он столько не съест. Автобус возил туристов по всяким красивым местам. Как всякие провинциальные города, Чикаго гордился своими дорогими отелями. В одном из самых престижных отелей ночь в президентском номере можно было провести за смешные $7000! Сразу стало ясно, что Адам дёшево отделался! И о чудо! Они проезжают мимо пиццерии «Джордано».

«Привет! Завтра увидимся! Всякие музеи, планетарий, пристань на озере Мичиган, и, автобус возвращается на «великолепную милю»! За окном мелькает вывеска Whole Food».

Адам скатился вниз по лестнице.

- Стой! Я выхожу!

Водитель семейства курчавых не возражает!

- Вон там наша остановка. Захотите продолжить экскурсию, ищите нас там!

Надо сказать, что после пиццерии Адам искал именно эти магазины. В Нью-Йорке их было множество, и ему рассказывали, что они расплодились по всей Америке. Он даже в Лондоне нашёл два! Они появились лет 30 назад на волне всеобщего желания питаться экологически чистыми продуктами. То есть продукты, выращенные без консервантов, красителей, пищевых добавок и прочей дряни. Теория здорового питания базировалась на том, что любой продукт, подвергшийся какой-либо химической интервенции, не полезен. Если животных колют антибиотиками, а для растений используют различные фосфаты и прочую дрянь, есть это противопоказано! Сначала появились сертифицированные продукты, а затем и такой гигант, как Whole Food! Что можно перевести, как «цельная еда». Авторитеты в области питания утверждали, что еда должна быть цельная. Не рафинированная или переработанная любым химическим способом. Сертификация гарантировала, что эта продукция так и выращена, и выкормлена. В Америке никакой здравомыслящий производитель не будет нарушать этих условий. За нарушение грозил не только тюремный срок, но и полное разорение.

Whole Food поначалу был дороже, чем обычные супермакеты, но с развитием этой отрасли по всей стране появилось множество подражателей, он стал дешевле! Ассортимент продукции и качество притягивали массу народа. Эти огромные двухэтажные храмы еды были набиты народом! Второй этаж - огромная столовая самообслуживания. Ряды салатов, деликатесов мясных, супов, морепродуктов и десертов! Можно есть за многочисленными столами, а можно подобрать любую ёмкость и унести с собой. Первый этаж - продукция со всего света. Сыры из Италии и Франции. Салаты, зелень, фрукты, овощи. Всё высшего качества! К пекарному отделу слабому человеку лучше не подходить! Идеальная чистота! Между многочисленными отделами бродят зомбированные люди и борются с искушением хватать всё подряд. Адам, как человек подготовленный, приказал себе прийти на следующий день, предварительно хорошо поев. Составить список, что он в состоянии унести. А пока вот только моцарелла «Баффала», кусочек лосося, маринованного осьминога чуть-чуть, ну и кусочек сырку пармиджано реджиано. Всё! Прочь из этого рая!

Он шёл искать автобус, а мысли были, как быстро переночевать и вернуться завтра! И так спокойно всё купить, что намечено, и гордо уйти! А вот и его автобус. На обратном пути они проехали мимо обеих пиццерий, «Уно» и «Дуэ». Но переживаний не было.

Dgiordano

Последний день в Чикаго был строго обозначен. После очень плотного завтрака отправиться на поиски найденного случайно вчера магазина, полного всяческих чудес кулинарии, Whole Food. Улицу он знал, Гранд стрит. Примерное расположение - тоже. Вчера ездил по городу на автобусе за $40, а сегодня будет попроще. Вооружившись громаднейшей чашкой капучино от фирмы «Старбакс», Адам шёл вдоль «великолепной мили», то бишь Мичиган-бульвар! Найти Гранд стрит оказалось парой пустяков, правда, пришлось спросить полицейского!

Заветный магазин ждал его! Взяв тележку, медленно, без суеты двигался вдоль до неприличия завлекательных прилавков! Справа большая обеденная зона. Такая отгороженная часть зала со столами и кассиром при входе. Желающие съесть что-либо немедленно набирают всяческие яства, оплачивают кассиру и начинают кушать. Адам бы с ними тоже разделил трапезу, но, предчувствуя подобные соблазны, он вспомнил, что уже дома наелся под завязку. Идёт спокойно мимо, стараясь не хватать всё, что предлагается. Этот размером с футбольное поле магазин создан на погибель тем, кто любит вкусно есть! Адам добрался до отдела сыров с пустой коляской! Коварная погибель поджидала прямо там! Здоровенный мужик орудовал в этом отделе, разрезая и разрубая громадные кругляши сыров. Огромная ваза с кусочками пармезана предлагала попробовать, какой он вкусный. Адам съел один.

«Чего-то я не понял. Попробовать тот, что побольше?»

Оглянулся вокруг, никто не следит, не ругается! Мужик подмигивает, мол, давай, съешь ещё.

«Надо с собой как-то бороться. Я могу просто тут стоять и пробовать, но некрасиво».

Он ещё подходил туда пару раз.

Вдруг в тележке оказались два куска пармезана реджиано да в придачу кусок острого английского сыра чеддер. Чтоб закончить наконец с сырами, взял коробочку с надписью: «Баффала моцарелла».

«Если не съем, то возьму с собой!»

На самом деле он ещё до отъезда решил купить какой-нибудь приличной еды и, вернувшись домой, ещё какое-то время наслаждаться мировыми деликатесами. В чемодане лежали специальная сумка и две пластмассовые штуки, которые держат холод приличное время. На пути отдел морепродуктов! Адам мог смотреть на всё это великолепие часами. Есть всё готовое. Берёшь. Оплачиваешь. Ешь! Есть во льду! Покупаешь, несёшь домой, готовишь. Ешь! Для таких, как он, всё замороженное. Членистоногие, палки крабьих ног, хвосты лобстеров-омаров, спруты-осьминоги, скалопс (по-русски морские гребешки), креветки-шримпы, ну и прочие гады морские!

Он брал очень аккуратно, хотя хочется всё. И прочь, прочь подальше от соблазна! И прямо в отдел мясных деликатесов! Ну а там итальянские прошютто, испанские хамоны, венгерские салями. Вяленые, копчёные, запечённые и всяко разно приготовленные. Взял нехотя одну-две упаковки. Всё, пора и честь знать!

На кассе развесёлая кучерявая дамочка быстро упаковала всё в два фирменных бумажных пакета и объявила сумму. Это был самый приятно-волнующий момент!

«Да за такие деньги на моей родине могу купить фруктов с овощами, но не густо! Жалко, что лететь сюда надо по 2-3 дня в одну сторону, а так бы на выходные махнуть, купить всяческой еды и домой».

Нёс добычу в гостиницу с приятным сознанием, что жизнь удалась! Замороженное в морозильник, сыры и прочую мелочь в холодильник. Вечером надо всё подготовить, перед выходом из гостиницы сложить в холодильный пакет и молиться, что это всё не струхнёт по дороге.

Вторая половина дня была посвящена посещению пиццерии «Джиордано». Адам читал о ней много лет назад. Это король фаршированной пиццы. Чикаго — пиццерийная столица Америки, и «Джиордано» её король! Слава о фаршированной пицце со шпинатом признана во всём мире. Вот её Адам и собирался отведать сегодня. Пару раз по дороге он спрашивал, как пройти. И вот она, заветная крутящаяся дверь! Была суббота, и перед дверями никакой очереди не было. Адам толкнул дверь и оказался в большом помещении, до отказа заполненном гудящим народом. Большая его часть извивалась змеёй в ожидании места за столиком. Счастливчики сидели за барьером и поглощали огромные ломти пицц, поданных на высоких металлических подставках.

- Сколько ждать надо? Мне стол на одного.
- 45 минут. Вас записывать?
- А то. Я что, зря летел в Чикаго? А где можно руки помыть?

Так всегда красиво говорят, когда нужен туалет. Девушка за стойкой махнула вглубь пиццерии. А там ещё один громадный зал, набитый народом! А за ним ещё один! Народу сидело, навскидку, человек 300. Адам вернулся ко входу. Беспрерывно крутилась входная дверь, запуская любителей пиццы. Не прошло и 45 минут, как выкрикнули его имя. Один из официантов провёл его к столу и, оставив Адама вместе с меню, снова ринулся в бой. Сколько было там официантов, сказать Адам не мог, а девушке при входе ещё трое парней помогали рассаживать народ. Всё оборачивалось быстро. Заказал пиццу, съел пиццу - уходи! Делать больше нечего. Появился его официант.

- Мне маленькую фаршированную пиццу со шпинатом и стакан воды.

Через какое-то время перед ним возник огромный высокий пирог, порезанный на восемь частей, тарелка, нож с вилкой и стакан воды.

- Это что? Я просил маленькую пиццу!
- Это самая маленькая, сэр!

После второго куска Адам понял, что не в состоянии проглотить больше ничего. Между двумя слоями вкуснейшего теста истекала густейшая моцарелла с нежнейшим шпинатом! Верхний слой теста щедро намазан протёртыми томатами и посыпан пармезаном! Вкуснее пиццы он в жизни не пробовал! Он сидел и смотрел на эту чудесную пиццу и жалел, что не пришёл сюда много лет назад.

- Как вам пицца, сэр? Хотите я вам заверну в коробку?

- Пицца великолепна! Но коробки не надо. Счёт, пожалуйста!

Вместе с положенными чаевыми счёт составил $30. Это того стоило!

Пора идти собираться в дорогу.

Последний день в Чикаго

Возвращаясь в отель, он вспоминал вкуснейшую пиццу от Джиордано и думал о том, что надо собраться в дорогу.

«Завтра в 10:00 меня выставят из отеля под страхом штрафных санкций. Большой чемодан был собран быстро. Остались мелочи, необходимые на утро. Продукты в морозильнике были тщательно упакованы в полиэтиленовый пакет вместе с двумя замороженными специальными пластиковыми коробочками. Эти плоские пластмассовые фляжки, они действительно работают! Дорога домой могла занять при удаче часов 17-20. Учитывая предыдущий опыт, и все 50 часов. Всё было спланировано! Подъём в 6:00. Зарядка, туалет, душ. На завтрак просто чай. Дальняя дорога не располагала к ненужным излишествам в питании. Всё было сложено, кроме продуктов в холодильнике и морозильнике.

В 9:30 раздался набатный стук в дверь. Адам не успел к двери подойти, как она загудела вновь. За дверью стояла кучерявая дама могучего телосложения.

- Вы выезжаете сегодня?
- Да!
- Я консьержка отеля.
- Поздравляю!

Адам захлопнул дверь.

«Нет, ну какая бесцеремонная наглость! У меня ещё полчаса времени! Вас бы на обучение в Израиль! Я бы на вас там посмотрел!»

Пора ехать. Он дважды обошёл апартаменты. Вроде нигде ничего не осталось. Вытащил упакованные продукты из морозильника, уложил в специальную для этого сумку. Застегнул чемодан и замок. В путь!

Две неприятности ждали его впереди. Первая случилась, когда он открыл дверь. На чемодане есть такая кнопочка. Нажимаешь, вытаскиваешь ручку и легко и весело катишь чемодан рядом с собой. Когда он изящно нажал на эту треклятую кнопку, что-то хрустнуло. Красивая удобная ручка больше не вытаскивалась никогда! Почему она не сломалась раньше или позже? Будь ещё время, он мог бы купить другой чемодан. Всё переложить и путешествовать, как порядочный человек. Нет, эта нехорошая кнопка сломалась при выходе! Нести чемодан за ручку представлялось нереальным. Единственный выход - катить его перед собой, пихая сзади! Адаму было не до смеха. Вкатив чемодан в лифт, он со страхом подумал: «А если лифт сломается, а я на 18 этаже? Брошу всё к чёртовой матери! Документы и деньги при мне. А вещи да продукты, пропади они пропадом!»

Но кто-то очень хотел, чтоб он мучился долго. Адам сдал пластиковые ключи угрюмой курчавой тётке за стойкой, и он с чемоданом выкатились за дверь. Ранее воскресное утро. Народ спит и не видит, как немолодой солидный человек, толкая перед собой чемодан, тащится к станции подземки, которая отвезёт его в аэропорт О'Хэр! Как назло, ни одного такси! Можно вернуться в отель и попросить заказать такси. Но там все были такими противными! Нет, вперёд! Были в жизни моменты и похуже.

Через два квартала лестница в подземку. Ступеней много. «А как же иначе! Тяжёлый гадский чемодан! Но не бросать же сейчас. Мы уже столько прошли вместе! При входе в ад, иначе эту подземку не назовёшь, стоит добрый чёрный ангел в зелёной униформе! Он видит мои страдания!»

- Можно купить билет до аэропорта?

- Вон автомат. $3!

- Все справочники врали! Про метро и про городской транспорт.

Темнокожий ангел помог ему купить билет, протащил чемодан и помахал на прощанье!

Адам был один в тёмном подземелье. Подошёл пожилой поезд. Он с чемоданом вкатились внутрь, и дверь захлопнулась. Самое страшное позади.

Люди входили и выходили, но их было немного. Добавились две пары с чемоданами! Через 45 минут конечная станция, аэропорт О'Хэр!

Что мог Адам о нём вспомнить? Старый, зачуханный, с паршивыми магазинчиками. Народу море! Через час подошла его очередь. Адам подкатил свою ношу к стойке регистрации. В глазах потемнело. Сотрудницы взвешивают багаж, а потом, натужившись, переносят это на транспортёр, двигающийся вдоль стены. Никаких приспособлений перенести чемоданы на ленту транспортёра нет! Работают только женщины! Адам поставил чемодан на весы. Снова потемнело в глазах. На циферблате появился вес: 52!

- Не может быть! Я бы его не дотащил. Да это же в фунтах! Тьфу!

- Летите в Израиль? Ваш багаж отправится туда.

- Не представляете, как я этому рад! А где у вас охрана труда? Вы таскаете такие здоровенные чемоданы! Хоть бы одного мужика вам дали!

- Вы абсолютно правы! До 50 ещё ничего, а так уже привыкли. Счастливого полёта!

Проверка на таможне, паспортный контроль. Везде дикие очереди! Но он уже прошёл армейскую подготовку! Быстро всё с себя снимал, быстро надевал. Смотрел в глаза, не мигая. Прошёл!

За чашкой кофе в «Старбакс» стояло человек 100.

-Да гори оно!

В магазинчиках жвачка. Всякий хлам и сладости! Есть «Дюти фри». Смотреть не на что!

«Ладно, пойду лучше искать свой гейт. Попросту ворота в свободу! Времени полно! В Чикаго купил внешний аккумулятор. Можно подключить компьютер. Часа на два хватит».

Дорога домой

Как пишут в плохих романах: «Наш серебристый лайнер взмыл в безоблачное небо».

Но так и было! Взмыть-то он взмыл, а вот лететь 8 часов до Лондона - это нелегко. Но это «Боинг 767 300». Всё при нём! Удобные кресла, телевидение индивидуальное в каждом подголовнике! Собственный пульт управления, красота! Кормят. Не на убой, но выжить можно! Но 8 часов - это реально долго! Всё начинает ныть. Зад, перед, ноги и голова. Можно пройти до туалета и обратно. Можно постоять в проходе. Больше развлекушек нет. Поел, поспал, кино посмотрел, в компьютере постучал. Время не идёт, ползёт!

Но всему бывает конец. Они сели в Лондоне, Хитроу. Адам помнил, даже очень хорошо, этот аэропорт. Это уже в четвёртый раз в этом году. Был на Новый год.

Пассажиры вышли на вокзале номер 5, а вылет через два часа с третьего. Народ еле шевелится. Длинной очередью вытягиваются из самолёта.

Ну, только бы не заблудиться!

Он бежал по стрелкам с надписью «транзитные пассажиры» номер 3. Прямо, вниз, вверх, направо, налево. А теперь на лифт и вниз, с картинкой вагона метро. Всё цивильно. Подходят вагоны метро. Полнс народу! Двери открываются, с другой стороны. Толпа высыпается, те двери закрываются, с этой стороны открываются. Едут! Вокзал номер 4. Часть народа схлынула. Едут! Вокзал номер 3.

Уф! Коридоры, коридоры, а зачем столько? Пассажиры вбегают в большой зал. Контроль!

- Мать родная! Да сколько можно?

Очередь, как в кино на последний сеанс. Ремень, часы, обувь, компьютер. Сложил всё в пластиковый тазик. Прошёл в стеклянную будку - панорамную камеру.

- Ноги на жёлтые картинки! Руки поднять! Стоять в профиль! Смотреть прямо!

Вышел из камеры.

- Ногу поставьте сюда. Теперь вторую.

Злобный мужик мажет кисточкой по ноге, а потом суёт её в раствор.

- Проходите! Следующий!

Забирал вещи и снова всё надел. Есть почти 1,5 часа до отлёта. Здесь должен быть компьютерный магазин, о котором говорила девочка в Apple.

Магазин нашёл! А где продавец?

- Есть iPad Pro 12,9 с клавиатурой и iPhone SE?
- iPhone SE нет. Все продали! Вот iPad Pro - цена...

Слов нет, но много букв и цифр... И это ещё в фунтах английских!

«Пойду-ка я искать свой гейт!»

Долго он шёл, а гейт самый последний! А как же иначе? На световом табло надпись: «Рейс номер ... задерживается».

«Тьфу на вас на всех! Но хоть есть, где сесть и даже зарядить севший аккумулятор! Благо есть переходники всех стран и континентов».

Не прошло и пары часов, а самолёт уже в воздухе! Дальше всё было лучше и лучше! Сели в Тель-Авиве! Очередь на паспортный контроль ни о чём! Взял билет на поезд, а тут и поезд подкатил. Вкатился с чемоданом в тамбур, а вскоре и народ рассосался. Сидел один! Через какие-нибудь два часа вышел на конечной станции. Подкатил чемодан к автобусному вокзалу, а тут и автобус. Всё! Ещё полчаса - и он в родном городке! Всё понятно, всё привычно! Вот и дом родной! Открыл чемодан, продукты ещё подморожены. Вот это сила!

Убирал всё в морозильник. Мыться и спать! Всё остальное завтра.

С утра неплохо бы сырку заморского с чаем. Открыл холодильник.

«А где-сыры-то? Тю-тю! Вот и вторая неприятность. Так я их, значит, оставил там, в холодильнике! И эта курчавая злобная тётка жрёт мой пармезан и баффала моцарелла!»

Это было больно. Нету у нас такого.

«Ну ничего. Я ещё куда-нибудь слетаю!»

www.ingramcontent.com/pod-product-compliance
Lightning Source LLC
Chambersburg PA
CBHW052027070526
44584CB00016B/1938